FACULTÉ DE DROIT DE PARIS

DE L'ACCEPTILATION

ET DU PACTE DE NON PETENDO

EN DROIT ROMAIN

DE LA REMISE DE LA DETTE

EN DROIT FRANÇAIS

PAR

Raymond DE BARRAU

AVOCAT A LA COUR D'APPEL DE PARIS

PARIS

F. PICHON, IMPRIMEUR-LIBRAIRE

17, RUE SOUFFLOT

1875

THÈSE

POUR LE DOCTORAT

DE L'ACCEPTILATION

ET DU PACTE DE NON PETENDO

EN DROIT ROMAIN

DE LA REMISE DE LA DETTE

EN DROIT FRANÇAIS

THÈSE POUR LE DOCTORAT

PAR

Raymond DE BARRAU

AVOCAT A LA COUR D'APPEL DE PARIS

L'acte public sur les matières ci-après sera soutenu le
mercredi 10 mars 1875, à midi.

PRÉSIDENT : M. COLMET DE SANTERRE

SUFFRAGANTS :
MM. DUVERGER,
LABBÉ,
LEVEILLÉ,
RENAULT,

PROFESSEURS.

AGRÉGÉ.

PARIS

F. PICHON, IMPRIMEUR-LIBRAIRE,

14, RUE CUJAS ET 7, RUE VICTOR-COUSIN

1875

DROIT ROMAIN

DE L'ACCEPTILATION ET DU PACTE

DE NON PETENDO

L'abandon d'un droit personnel, d'un droit de créance, désigné dans la science juridique par l'expression de *remise de la dette*, pouvait en droit romain, se faire de deux manières bien distinctes et par les formes qu'elles comportaient, et par les effets qui résultaient de leur accomplissement : d'un côté nous trouvons *l'acceptilation*, mode d'extinction du *droit civil* qui tient de lui sa force, mais aussi sa rigidité quant à la forme; de l'autre le pacte *de non petendo*, mode d'extinction *prétorien* plus souple, se coformant aux nuances diverses de la volonté des parties.

L'acceptilation anéantissait entièrement l'obligation; on disait alors que l'obligation était éteinte *ipso jure*. Le pacte *de non petendo*, au contraire, ne supprimait pas le lien de droit qui continuait à subsister; mais il constituait un fait, une convention dont le prêteur tenait compte; n'osant pas aller jusqu'à la destruction de l'obligation, il la rendait inefficace en accordant au débiteur une *exception* pour repousser la demande du créancier; on disait alors que l'obligation était éteinte *exceptionis ope*.

Tels sont les deux modes d'extinction des obligations que nous aurons à étudier dans cette thèse.

Dans une première section nous nous occuperons de l'acceptilation.

Dans la deuxième, du pacte *de non petendo*.

Dans la troisième, de la comparaison de ces deux modes de libération.

Dans la quatrième, des conséquences pratiques résultant de ce qu'ils peuvent renfermer une donation ou un legs.

Dans la cinquième enfin, du pacte de *non petendo* imposé à un créancier par la majorité des créanciers du même débiteur.

SECTION PREMIÈRE

DE L'ACCEPTILATION

§ 1. *Forme de l'acceptilation ; à quelles obligations elle est applicable.*

L'acceptilation est un mode d'extinction des obligations censistant tout à la fois dans une interrogation et une réponse ; interrogation du débiteur qui demande au créancier s'il tient pour reçu ce qui lui est dû, et réponse affirmative de la part du créancier. Nous trouvons aux Institutes et au Digeste les termes habituellement employés : « Quod ego tibi promisi, » habes ne acceptum ? habeo : — accepta facis de-» cem ? facio. » Les parties pouvaient même se servir d'une langue autre que la langue latine, pourvu que l'on retrouvât toujours une question et une réponse concordantes. Justinien cite la formule grecque.

Quelle est l'étymologie du mot acceptilation. L'opinion généralement admise, est que ce terme, employé d'abord pour l'extinction des obligations *litteris*, fut plus tard transporté au mode d'extinction spécial aux obligations *verbis*. On sait, en effet, comment se formait le contrat *litteris* : le créancier écrivait sur son registre comme pesée et donnée (*expensa lata*) une somme que le débiteur inscrivait sur le sien comme reçue (*accepta relata*). Un moyen facile s'offrait au créancier qui voulait consentir une remise de la dette au profit de son débiteur : il n'avait qu'à porter en regard de l'*expensilation* cette mention nouvelle : *acceptum*, et cette mention suffisait pour éteindre l'obligation *litteris*. Peu à peu les obligations *litteris* tombèrent en désuétude, mais le terme dont on se servait pour indiquer leur extinction (*accepti-latio*), continua à subsister. L'analogie qui existait entre les obligations litterales et les obligations verbales fit employer pour ces dernières le terme d'acceptilation, en sorte que cette expression survécut à l'institution dont elle dérivait avec une signification différente de sa signification primitive.

L'acceptilation était rangée dans la classe des *actus legitimi*; on ne pouvait en conséquence la modifier par un terme ou une condition (l. 4 *de accepti*). Cependant l'acceptilation n'était pas impuissante à éteindre une dette à terme ou conditionnelle (l. 12, h. t.); mais l'effet de cette acceptilation pure et simple dans les termes, ne se produisait qu'à l'événement de la condition ou à l'échéance du terme, de telle sorte qu'on arrivait ainsi à la validité d'une acceptilation qui, sinon en apparence du moins en réalité, était modifiée par un terme ou une condition (l. 77, *de reg. juris*). Il y avait là une application bien connue de la maxime : « Expressa » nocent, non expressa non nocent. »

Primitivement, l'acceptilation ne s'appliquait qu'aux obligations dérivant d'une stipulation. Cependant à la fin de l'époque classique, les jurisconsultes admirent qu'elle pouvait éteindre toutes les obligations *verbis*, ainsi, les obligations résultant de la *dotis dictio*, mode de constitution de dot spécial à certaines personnes, et de la *jurata promissio liberti*.

Mais l'acceptilation ne pouvait éteindre, du moins *ipso jure*, une obligation née autrement que *verbis*, par exemple, *re*, ou *consensu*. Pour obtenir une libération *ipso jure* de ces obligations, il fallait commencer par les transformer en obligations verbales. Or toute obligation pouvait subir cette transformati.. , puisque toute dette pouvait être novée. Aquilius Gallus, jurisconsulte éminent, habile surtout dans l'art de rédiger des formules, comme l'attestent, sa formule *de dolo malo* et la formule qu'il inventa pour permettre l'institution du petit fils naissant héritier sien après la mort de son gra d'père, créa une formule destinée à rendre possible l'extinction de toutes les dettes par une novation qui les transformait en obligations verbales dont on faisait ensuite acceptilation. Voici en quels termes la stipulation aquilienne était conçue.

Le créancier disait au débiteur : « Quidquid te mihi ex quâcumque causâ dare facere oportet oportebit, præsens in diemve, quarumque rerum mihi tecum actio, quæque adversus te petitio aut persecutio est erit ve, quodve tu meum habes, tenes possidesve, dolove malo fecisti quominus possideas : quanti quæque earum rerum res erit, tantam pecuniam dari promittis? » — « Promitto » répondait le débiteur. Voilà la novation. Certaines locutions demandent à être expliquées. Ulpien (l. 178 D. 2. *de verb. signif.*) nous donne le sens des trois termes : *actio, petitio, persecutio. Actio* signifie l'action *in personam, petitio* l'action *in rem, persecutio* toute *cognitio extraordinaria.* Quant aux trois mots *habere, tenere, possidere,* pour attribuer à chacun une portée différente, nous dirons que *tenere* se rapporte à la simple détention, *possidere* à la possession sans *animus domini,* comme celle du créancier gagiste, par exemple, ou du concessionnaire à précaire, *habere* à la possession *cum animo domini.* Après cette novation qui a ramené à une seule obligation *verbis* tout ce qui pouvait être dû *ex diversis causis,* le débiteur interrogeait le créancier en lui demandant s'il tenait pour reçu ce qu'il lui devait, le créancier répondait, et on arrivait ainsi à dénouer le lien de droit qui venait d'être formé.

Nous avons dit que l'acceptilation n'éteignait pas *ipso jure* les obligations autres que les obligations verbales. Cependant il pouvait arriver qu'une obligation *re*, par exemple, fut anéantie de plein droit, pas directement, mais par contrecoup, par une acceptilation. Ulpien dans la loi 13, § 7. *de accept*, donne l'exemple suivant : il existe un débiteur principal tenu en vertu d'un *mutuum*, et un fidejusseur tenu *ex-stipulatu* ; l'acceptilation obtenue par ce fidejusseur, avait l'effet d'un payement, et entraînait l'extinction de l'obligation du débiteur principal, quoiquelle n'eût pas sa source dans un contrat verbal.

§ 2. *De la capacité nécessaire pour faire ou recevoir une acceptilation.*

Un double principe domine en cette matière : tandis que seul le créancier qui a le droit d'aliéner peut faire une acceptilation en faveur de son débiteur, à l'inverse, toute personne peut rendre, sa condition meilleure en se libérant par ce mode d'extinction des obligations.

Ainsi le pupille qui ne pouvait seul recevoir un payement ne pouvait *à fortiori* consentir une acceptilation, si ce n'est avec *l'auctoritas tutoris*. Toute latitude lui était laissée au contraire, pour recevoir, de son créancier la remise de sa dette. (l. 2. *de accept.*) « pupillum per acceptilationem

etiam sine tutoris auctoritas se liberari posse pla-
cet. »

Pendant la tutelle perpétuelle des femmes à
Rome, la femme nubile pouvait seule recevoir un
payement, tandis que, pour qu'elle put consentir
une acceptilation, l'intervention de son tuteur
était indispensable. (*Gaius com.* III § 171) Et le
motif en est assez évident : dans un cas, la femme
accepit pecuniam; dans l'autre, *acceptam hebere
se dicit.*

L'esclave ne pouvait, même sur l'ordre de son
maître, consentir une acceptilation au profit du
débiteur de ce dernier (loi 22. *de accept.*) Car aux
yeux du droit civil, l'esclave ne peut rendre pire
la condition de son maître, même par son ordre,
soit en l'obligeant par une stipulation, soit en le
privant du bénéfice d'une créance par acceptilation. Cependant, au premier cas, le droit prétorien
donnait au créancier l'action *quod jussu*, et au
second cas le débiteur pouvait opposer à son
maître l'exception *doli*. Au contraire, l'esclave
pouvait toujours rendre meilleure la condition
de son maître en agissant seul et de son propre
gré, et le libérer en obtenant du créancier
une acceptilation, pourvu toutefois qu'il eût
agi *ex personâ domini*. Ces principes, du reste, doivent s'étendre à toutes les personnes qui, dans la
législation romaine, pouvaient, au moyen d'une
stipulation, acquérir une créance pour autrui.
Ainsi, un débiteur pouvait se trouver libéré par

l'acceptilation faite à un esclave sur lequel il avait un droit d'usufruit ou un droit d'usage, ou bien encore par l'acceptilation faite à un homme libre retenu de bonne foi « in servitute. » (C. 11 § 1 *de accept.*)

Labéon nous apprend qu'un esclave commun à d'eux maîtres peut, par acceptilation, libérer l'un d'eux, même envers l'autre. Bien plus, si cet esclave a stipulé de l'un de ses maîtres associés en faveur de l'autre, il peut recevoir acceptilation de ce dernier et arriver à ce résultat digne de remarque, d'avoir servi d'unique intermédiaire à la naissance et à l'extinction de la même obligation.

L'esclave héréditaire, pouvait par acceptilation, obtenir la libération de ce que devait le défunt; mais pour cela il fallait qu'il eût agi *impersonnaliter* (l. 11 § 2 *de accept.*); car s'il avait interrogé au nom du *de cujus*, l'acceptilation eût été nulle comme la stipulation en pareil cas (loi 18. § 2. *de stip. serv.*) S'il nommait l'héritier futur, on devait distinguer de même qu'au sujet du § 4 de la loi 28 *de stipul. serv.* si l'esclave avait ou non désigné nominativement l'héritier futur au profit duquel il faisait l'interrogation. L'acceptilation était nulle si cet héritier futur avait été désigné par son nom.

Le retour dans la patrie effaçait, nous le savons, *jure postliminii*, toutes les conséquences de droit de la captivité. Aussi, au retour du maître qui avait été pris par l'ennemi, l'acceptilation faite à cet es-

clave était confirmée de quelque manière qu'elle
eût été consentie : *sibi, impersonnaliter, vel domino.* Si le maître mourait chez l'ennemi l'acceptilation faite à l'esclave était nulle, s'il n'avait
pas agi *sibi vel impersonnaliter* ; car, en vertu du
bienfait de la loi Cornelia, son maître était regardé
comme mort au moment même de sa captivité.

Un fils de famille pouvait aussi recevoir une acceptilation au profit de son père (*Inst. liv. III.
tit. IX*). En certains cas, le fils de famille s'obligeant
civilement lui-même, pouvait par suite être libéré
de son obligation s'il obtenait une acceptilation de
son créancier, et le père n'étant pas débiteur ferait
un acte sans valeur en demandant à ce créancier
s'il tient pour acquittée la dette dont il s'agit. Ulpien, à ce sujet, ajoute ensuite : *idem erit in servo
dicendum* (loi 8. § 4 *de accept.*) Comment supposer
que l'esclave, à l'aide de l'acceptilation, se dégage
d'une obligation qui semble ne pouvoir exister ?
Nous dirons que cela peut s'appliquer aux obligations nées à la charge de l'esclave *ex delictis.* L'acceptilation, dans notre espèce, éteindrait aussi les
actions prétoriennes auxquelles le maître serait
exposé par le fait de l'esclave. L'acceptilation sera
également utile à l'esclave dans le cas exceptionnel
où il peut s'obliger civilement par contrat. (Loi 21
depositi.) Car, suivant Trebatius, si l'on a fait un
dépôt à un esclave et qu'il en soit resté détenteur
depuis son affranchissement ; c'est contre lui et non
contre son maître qu'il faut diriger l'action de dépôt,

par exception à la règle de droit qui défend d'actionner un affranchi pour les obligations qu'il a contractées pendant sa servitude.

En principe, le créancier et le débiteur, leurs héritiers ou leurs successeurs, d'après le droit prétorien (loi 13, § 11, *de accept.*), les personnes qui se rattachaient à l'un ou à l'autre par un lien de puissance, pouvaient seuls jouer un rôle dans l'acceptilation. L'intervention d'une personne libre étrangère, même avec un mandat, était repoussée : car on rangeait l'acceptilation dans la classe des *actus legitimi* qui exigeaient la présence des intéressés eux-mêmes et proscrivaient celle d'un mandataire : aussi Paul (loi 3, *de accept.*) déclare-t-il que : « per » procuratorem nec liberari nec liberare quisquam » acceptilatione potest ; » mais le jurisconsulte ajoute qu'il en est ainsi en l'absence d'un mandat, *sine mandato*. Ces deux mots paraîtraient indiquer qu'avec un mandat l'intervention d'un tiers serait permise, ce qui serait une contradiction flagrante avec le texte lui-même, car il ne peut exister de *procurator* sans mandat, et aussi avec le § 10 de la loi 13 à notre titre, où il est nettement proclamé que : « nec procurator quidem potest facere acceptum. » Nous dirons après Hotman qu'il faut lire *sine novatione*, au lieu de *sine mandato*, car au moyen d'une novation on pourra arriver à l'extinction de la dette ou de la créance d'autrui ; seulement dans ce dernier cas on devra être mandataire du créancier ou puiser dans la loi un droit spécial (l. 13. § 10 *de accept.*).

Le tuteur, par exemple, le curateur, le mandataire
pouvaient faire novation de la créance du pupille,
de l'insensé, du mandant, de manière à ce que ces
derniers cessaient d'être créanciers ; les premiers, le
devenant au contraire avaient dès lors le droit de
répondre affirmativement à leur propre débiteur
venant leur demander s'ils tenaient pour reçu le
montant de la dette. Sans aucun mandat un tiers
pouvait éteindre la dette d'autrui ; car sans le consentement du débiteur, on peut faire une *expro-
missio*, c'est-à-dire, une novation par substitution
d'un nouvel obligé, et dès qu'on est devenu personnellement débiteur, rien ne s'oppose à ce que l'on
s'affranchisse de la dette par acceptilation ; ainsi il
arrivera, pour reproduire l'expression si précise
d'Ulpien « ut absens novatione, præsens acceptila-
» tione liberetur. »

§ 3. *Sur quoi peut et doit p 'er l'acceptilation*.

Pour qu'une *acceptilatio* soit valable, il faut que
la demande et la réponse portent sur l'objet même
de la dette ; peu importe d'ailleurs que cet objet soit
de l'argent ou une chose quelconque. — Un payement partiel est valable si le créancier l'accepte ;
une acceptilation partielle est-elle aussi possible ?

Gaius (III, 173) dit que cette question est controversée : « an in partem acceptum fieri possit, quæ-
situm est ?. » L'acceptilation est un *actus legitimus*
dont le droit civil a déterminé la forme d'une
manière immuable ; on ne peut changer ni les
paroles ni les formes employées, le moindre changement entraînerait la nullité de l'acte. C'est pour
ce motif que les jurisconsultes romains pensaient
qu'on ne pouvait faire une acceptilation partielle.

Justinien admit au contraire qu'on peut faire
acceptilation d'une portion seulement de ce qui
est dû, pourvu que la chose soit divisible. Ainsi si
l'usufruit du fonds de Titius a été l'objet d'une
stipulation, on pourra en faire acceptilation pour
une partie, et l'usufruit de la partie restante du
fonds continuera d'être dû. (l. 13. § 1. *de accept.*).

Mais s'il s'agissait d'une chose indivisible, d'une
servitude prédiale par exemple, en consentant une
acceptilation partielle, le créancier faisait un acte
sans valeur, *nullius momenti*. Ce principe s'appliquait pour toute acceptilation partielle, sinon dans
l'expression, du moins dans la réalité des choses ;
c'est ainsi qu'Ulpien nous apprend que le créancier
de la servitude *via*, en tenant pour reçue, soit la
servitude *iter*, soit la servitude *actus*, fait une acceptilation partielle et en conséquence nulle. Le jurisconsulte considère au contraire comme acceptilation de la totalité, celle qui porte tout à la fois sur
iter et actus. Mais cette solution pourrait être com-
battue par des textes qui prouvent que dans *via* il

y a plus que dans les servitudes *iter et actus* réunies.

Si quelqu'un ayant stipulé un usufruit avait fait acceptilation de l'usage, il fallait pour apprécier la valeur ne pareille acceptilation, faire une distinction ; si le créancier pensait que l'usufruit ne renfermait qu'un simple usage, il n'y avait pas libération. Mais si son intention avait été de le déduire de l'usufruit, attendu que l'usufruit peut être établi sans i'usage, il faut dire que l'acceptilation était valable. — Le texte d'Ulpien nous dit : « cum possit usus sine fructu constitui. » Nous remarquerons à ce sujet qu'une loi du même jurisconsulte (loi 14 § 1. *usufr. quemad*) pose en principe que : *frutus sine usu esse non potest.* » L'antinomie entre ces deux lois est évidente : nous dirons avec Pothier pour la résoudre, que lorsqu'il est question d'un *fructus sine usu*, ce n'est pas d'un *fructus sine ullo usu*, ce qui est impossible, qu'il s'agit, mais d'un *fructus* diminué, restreint par le droit d'*Usus* qui a été détaché au profit *d'un tiers*.

Un créancier qui aurait stipulé un fonds et qui ferait remise de la *via* ou de l'usufruit, accomplirait un acte nul. Celui qui fait une |acceptilation tient pour reçu tout ou partie de ce qui lui est dû ; or, ni la *via* ni l'usufruit ne sont des parties du fonds.

Assurément, il faudrait tenir pour valable une acceptilation qui contiendrait plus que la dette. Si donc celui qui a promis l'esclave Stichus interroge ainsi : « Je vous ai promis Stichus, reccon-

» naissez-vous avoir reçu Stichus et Phampile ? »
L'acceptilation sera efficace, et la mention de Pamphile sera regardée comme superflue.

§ 4. *Des effets de l'acceptilation.*

L'acceptilation a pour effet d'anéantir la dette et d'enlever ainsi toute action aux créancier (loi 2. 3. cod. *de accept.*); elle est remarquable en ce sens qu'elle procure au débiteur sa libération sans qu'il intervienne aucune prestation. Du reste, si la remise de la dette se fait le plus ordinairement par pure libéralité comme on le voit dans la loi 17 *de donat inter vir et uxor.* « Si stipulatio donationis causâ accepta lata, » rien n'empêche qu'elle ne se fasse dans l'intention d'exécuter une obligation ou à un titre onéreux quelconque. (*Loi 41 2. de jure dot.*).

Avec l'obligation, objet de l'acceptilation, sont encore éteintes toutes les actions qu'un payement réel eût anéanties : ainsi l'action contre le débiteur principal n'existe plus après que le fidéjusseur est libéré par acceptilation (l. 13. § 7, *de accept.*). A l'inverse, dès que le débiteur principal est affranchi de l'obligation, toute action contre le fidéjusseur est impossible.

Les actions que le droit prétorien (*le* 11 § 1 *de accept*) accordait contre le maître dans le cas d'une promesse émanant de l'esclave, disparaissaient de même après une acceptilation obtenue par celui-ci.

En matière d'obligation corréale, Javolenus pose nettement la règle : *acceptilatione unius tota solvitur obligatio* (Loi 2. *de duob reis*), l'acceptilation faite au débiteur par l'un des *correi stipulandi*, anéantit l'obligation à l'égard de tous. *L'adstipulator* ne doit jamais profiter de l'obligation ; à l'égard du véritable stipulant, il n'est que mandataire ; mais dans ses rapports avec le débiteur, sauf que son droit inhérent à sa personne est intransmissible à son héritier (Gaius 3, § 114), il est un créancier ; en conséquence en faisant acceptilation au débiteur, il le dégage vis-à-vis du stipulant, sauf le recours de celui-ci par l'action *mandati directa* ou *legis aquiliæ* (Gaius C. 3. §§ 215.216). S'il y a plusieurs *correi promittendi*, l'acceptilation faite à l'un profite à tous les autres. (l. 16 *de accept.*)

Nous avons jusqu'ici supposé une obligation unilatérale anéantie par acceptilation ; plaçons-nous maintenant en présence d'un contrat synallagmatique, et demandons-nous quel était, en droit romain, l'effet d'une acceptilation faite par une seule des deux parties à l'autre. Mavius a loué, par exemple, sa maison à Titius, moyennant une certaine somme dite *merces* ; sur l'interrogation du preneur, il répond qu'il tient la somme pour payée : demeure-t-il obligé, vis-à-vis de Titius, comme bail-

leur? Un point incontestable, c'est qu'alors l'acceptilation n'a de puissance que comme pacte, *potestate
conventionis*, et non *suâ naturâ*, car elle s'applique
à des obligations résultant *ex solo consensu*. Quant
à déterminer cette puissance, il y avait désaccord
entre les jurisconsultes; pour les uns, les obligations
étaient éteintes des deux côtés, pour d'autres, celui-
là seul était libéré qui avait interrogé dans l'acceptilation. Labéon soutenait la dernière opinion conforme à l'interprétation rigoureuse de l'acte (l. 23
de accept.) Paul et Julien faisant prévaloir l'inten,
tion présumée des parties admettaient au contraire
l'extinction de l'obligation *ex utrâque parte*, à moins
que la volonté de ne rompre qu'un seul des liens de
droit ne fût certaine (l. 23. *de accept*; l. 56, *de pactis*.
— La même controverse n'existait plus lorsque
c'était en exécution d'un legs que la libération était
acquise à l'un des obligés par un contrat synallagmatique; le légataire était alors affranchi de ses
obligations et restait créancier vis-à-vis de l'héritier (lois 16, 17, 18 *de lib. leg.*) Ici, en effet, il n'y
avait pas à invoquer l'intentention commune des
parties.

SECTION II

DU PACTE DE NON PETENDO

L'acceptilation était un mode d'extinction des obligations sanctionné par le droit civil et qui produisait ses effets *ipso jure*. Le pacte *de non petendo* ne fonctionnait pas de la même manière : il ne procurait au débiteur que le droit de repousser, au moyen d'une *exception* la demande que le créancier intentait au mépris de ce pacte.

On peut définir le pacte *de non petendo* une convention par laquelle le créancier s'engage à ne pas demander ce qui lui est dû. Ce pacte pouvait être *exprès* ou *tacite; exprès,* quand il était dit formellement que le créancier renonçait à poursuivre le débiteur; *tacite,* quand la promesse de ne pas poursuivre résultait de certains actes sans valeur aux yeux du droit strict ou de certains faits qui faisaient présumer cette même volonté.

Premier cas. — Pacte *de non petendo* implicitement contenu dans un acte *in utile jure civili* : L'acceptilation était un *actus legitimus* qui, nous le savons déjà, n'était pas valable, s'il était accompagné d'un terme ou d'une condition exprimée. Mais on reconnaissait qu'il valait comme pacte, sauf le cas où le dissentiment des parties serait démontré, ce qui se présentait, par exemple, quand le créancier faisait acceptilation, sachant bien que cet acte ne pouvait avoir aucun effet. « Fingamus eum qui » accepto ferebat, scientem, prudentemque nullius » esse momenti acceptilationem, sic accepto tu- » lisse ; quis dubitat non esse pactum, cum consen- » sum paciscendi non habuerit ? » (loi 8, *pr. de accept.*)

Deuxième cas. — Le pacte *de non petendo* pouvait aussi se présumer à raison de certains faits. Le créancier qui remettait à son débiteur le titre, *la cautio*, constatant son droit était censé renoncer à le poursuivre (l. 2, § 1. *De pactis.* D). S'il se bornait à lui rendre le gage, la présomption disparaissait (l. 3, *De pact.* D). Le motif de la différence est facile à comprendre : le créancier qui abandonne son titre se dépouille de la meilleure manière qu'il ait de prouver son droit ; le créancier qui restitue l'objet donné en gage s'en remet à la solvabilité personnelle du débiteur, voilà tout.

Le Digeste et le Code font résulter de faits nombreux la remise tacite de la dette. Voici une espèce fameuse : Une sœur voulait faire entrer en ligne de compte dans la liquidation de la succession de son frère prédécédé, une somme importante qui lui était due par le *de cujus* à titre de fidéicommis ; les héritiers de celui-ci alléguèrent que dans plusieurs règlements de comptes antérieurs opérés du vivant de son frère, la demanderesse avait négligé de réclamer le fidéicommis, et prétendirent que cette omission réitérée en faisait présumer la remise tacite. Dans ces circonstances le jurisconsulte rapporte qu'un rescrit de l'empereur Commode approuva la prétention des héritiers et décida qu'il y avait eu un pacte *de non petendo* tacite de la part de la demanderesse, et qu'en conséquence sa demande devait être rejetée. (loi 26, *De probat.* D).

En matière de sommes d'argent productives d'intérêts nous rencontrons deux présomptions de remise qu'il est bon de rapprocher. Le créancier qui pendant un intervalle de temps assez considérable ne réclamait pas des intérêts échus, était censé les avoir abandonnés (l. 17, § 1, *De usur. et fruct.* D). — Le créancier qui recevait des intérêts non encore échus, *in futurum*, promettait ainsi tacitement de ne pas réclamer le capital pendant la période dont il avait perçu d'avance les intérêts (l. 57, pr. *de pactis* D).

Nous venons de voir quand il y a pacte *de non petendo*. Avant d'arriver à la partie importante de ce sujet, c'est-à-dire à la détermination des personnes qui peuvent invoquer le pacte fait par un autre, ou à qui on peut l'opposer, établissons ici une division capitale des pactes en pactes *in rem* et pactes *in personam*. Ulpien établit cette division en termes précis : « Pactorum quædam in rem sunt, » quædam in personam, In rem sunt quotiens gene-

» raliter paciscor ne petam; in personam quotiens
» ne à personâ petam, id est ne à Lucio Titio pe-
» tam, » (loi 7, § 8, *de pact.* D). D'une manière
générale on peut indiquer l'intérêt de cette distinction en disant que le pacte *in rem* profite à tous
ceux dont l'affranchissement de l'obligation intéresse le pactisant, (l. 21, § 5, *de pactis*). Le pacte
in personam au contraire ne profite qu'au pactisant.
(l. 17, § 3, *de pactis*).

Pour savoir si tel pacte est *in rem* ou *in personam*,
il faut s'en tenir aux paroles; c'est d'après elles, *ex
verbis*, que l'on doit se prononcer. Papinien considère comme général et *in rem*, le pacte ainsi conçu :
profiteor te non teneri, (l. 40, pr. *de pactis*). On s'en
tient donc aux termes employés, à moins que la
volonté contraire n'apparaisse, auquel cas la lettre
doit fléchir devant l'esprit.

Entre ces deux sortes de pactes, nous en rencontrons une troisième espèce que l'on pourrait quali-
fier du nom de pactes *mixtes* : deux parties se
trouvent en présence; il arrive que pour l'une le
pacte est *in rem*, pour l'autre *in personam* (l. 57, § 1,
de pact. D). Ce pacte est ainsi conçu : « *ne ego petam,* » ou bien « *ne à te ipso petatur.* » Dans le premier cas, le pacte sera personnel au créancier, et il
ne s'étendra pas à ses héritiers. Dans le deuxième
cas, il sera personnel au débiteur, mais ne s'étendra
pas à ses héritiers. C'est ce que le texte exprime
très-bien : « hæres meus ab omnibus vobis petitio-

» nem habebit, et ab hærede tuo omnes poterimus
» petere. »

En principe, un pacte ne peut profiter ou nuire
qu'aux parties entre lesquelles il est intervenu ; il
ne peut être invoqué par les tiers ou contre eux.
(Loi 73, § 4 ; loi 74, *de reg. juris*.) Paul, dans la loi
17, § 6, *de pactis* fait une application de cette règle ;
il suppose que le possesseur d'une hérédité à pactise ; plus tard il est évincé ; le jurisconsulte décide
que l'héritier qui l'évince n'a rien à craindre ou à
espérer de ce pacte.

La règle du droit romain s'appliquait même
lorsque le tiers nommé dans le pacte avait donné
mandat ; en conséquence, l'exception *pacti*, produite
par le pacte *de non petendo* fait par le *procurator* ne
pouvait être invoquée ni par le mandant ni contre
lui. Mais le préteur avait de bonne heure apporté
un heureux correctif au principe qui engendrait nécessairement la nullité du pacte fait par le mandataire ; il avait pensé qu'il y aurait dol de la part du
mandant ou de son créancier, à ne pas respecter le
pacte, dont il assurait l'efficacité à l'aide d'une exception *doli* (loi 10, § 2, *de pactis*). Toutefois, cette
exception ne résultait pas du pacte fait par un mandataire quelconque ; on devait examiner la nature
du mandat. Ainsi le *procurator omnium rerum*
avait le droit de pactiser *de non petendo*, pourvu
qu'en agissant ainsi il eût en vue l'utilité de sa gestion, et non l'intention de faire une libéralité ou de
diminuer le patrimoine du mandant (loi 12, *de pac-*

tis). Quant au *procurator ad litem*, il n'aurait pu sans excéder les bornes de son mandat, faire un pacte libératoire, à moins qu'il ne fût *procurator in rem suam* (loi 13, *de pactis*); étant alors, en effet, *loco domini, servandum erat pactum conventum.* Une dérogation à la rigueur du principe était plus nécessaire encore en présence de mandataires légaux, tels que les tuteurs, les curateurs. Si ceux-ci obtenaient en effet du créancier la promesse qu'il ne poursuivrait pas le payement de la dette, le pupille, le prodigue, l'insensé, profitaient de ce pacte. (Lois 15 et 28, § 1, *de pactis*.) Quant au pacte, qui aurait rendu pire la condition de ceux dont les intérêts leur étaient confiés, il était dénué de tout effet : « Tutores et curatores de pactis exigentes pu-» pillis et adultis debitum, non etiam remittentes, » præstant obligationis liberationem. » (Loi 22, Code.)

Le pacte *de non petendo* ne pouvait donc profiter ou nuire qu'aux parties entre lesquelles il était intervenu; nous avons maintenant à examiner les modifications que ce principe recevait à raison de l'existence entre le pactisant et une autre personne soit de la relation d'auteur à ayant-cause, soit d'un lien de puissance, soit de certains rapports concernant l'obligation.

§ 1er *Existence de la relation d'auteur à ayant-cause.*

Plaçons-nous d'abord en présence d'un ayant-cause à titre universel un *hæres* ou un *bonorum possessor*. Nous devrons distinguer pour en déterminer les effets, si le pacte *de non petendo* est *in rem* ou *in personam*. Au premier cas le pacte profite et nuit à l'ayant cause comme à l'auteur lui-même (l. 40, *pr. de pactis*). Par les paroles : *profiteor te non teneri*, dit Cujas, l'obligation elle-même se trouve anéantie. (*Observ.*, *liv.* XVIII, *ch.* 2). Dans le second cas, le pacte ne produit aucun effet à l'égard de l'héritier. (L. 25, § 1, *de pactis*.) « Personale pactum ad alium » non pertinet quemadmodum nec ad hæredem. »

Le jurisconsulte Paul, en insistant sur cette idée que le pacte *de non petendo* ne peut profiter à un tiers, nous montre dans la loi 17, § 4. *de pactis*, l'inutilité à l'égard de Titius de la convention « *ne à me neve à Titio petatur,* » ce même Titius devint-il plus tard mon héritier ; et cela en vertu de la maxime bien connue : «*quod ab initio vitiosum est, non potest tractu temporis convalescere.* » Toutefois par argument d'analogie tiré de la loi 4, § 2. *de pactis*, nous dirons que si Titius devient mon héritier, l'exception de dol venant à son secours, pourra maintenir les effets du pacte.

Mais Papinien fait remarquer que lorsque le débiteur pactise pour un tiers, *tanquàm hæredi fu-turo*, ce pacte sera parfaitement valable et le tiers devenu héritier du débiteur pourra l'invoquer à son profit (loi 40, § 3. *de pactis*).

Était-il permis au débiteur de restreindre à un seul de ses héritiers le bénéfice du pacte *de non petendo*? La loi 33 *h. Tit.* décide nettement la question : *necquicquàm obstat, uni tantùm ex hære-dibus providere, si hæres factus sit, cæteris autem non consuli*. Celui-là donc que le *de Cujus* aura voulu gratifier, pourra au moyen de l'exception *pacti* repousser l'action dirigée contre lui pour sa part dans la dette, mais ses cohéritiers ne seront tenus que de leur propre part héréditaire.

Recherchons maintenant si les ayants-cause à titre particulier du pactisant peuvent invoquer le pacte *de non petendo* fait par leur auteur. Suppo-sons que le possesseur de la chose d'autrui con-vienne avec le propriétaire que celui-ci ne la reven-diquera pas : ce possesseur vend ou donne la chose : l'acheteur ou donataire pourra-t-il profiter de ce pacte? Un texte de Paul (l. 17, § 3. *de pact.*) nous apprend qu'il existait sur ce point une controverse entre les Sabiniens et les Proculiens. Ces derniers se prononçaient pour l'affirmative au cas où le pacte était *in rem*; les premiers acceptaient cette solution dans tous les cas, et cela *optimâ ratione*, dit Cujas, *quia alioqui nec prodesset venditori vel donatori, si de eâ re ipse non statueret suo arbitrio, eamque alienare non posset*. — Si le pacte n'a été fait qu'après la vente ou la donation, en règle il est nul faute d'objet, puisqu'il n'existe plus d'action contre le vendeur ou donateur, à moins qu'il n'ait cessé de posséder par dol. Dans ce dernier cas, Cujas décide que le pacte *de non petendo* ne sera pas profitable à l'acheteur, *quia sibi tantùm prospicere vult venditor ne à se petatur, non etiam successori suo.*

§ 2. *Existence d'un lien de puissance.*

Quel est l'effet d'un pacte *de non petendo* fait par les personnes qui sont *in alienâ potestate*, telles que le fils, l'esclave ou l'homme libre possédé de bonne foi?

A l'égard des personnes que nous venons d'indiquer on peut concevoir le pacte *de non petendo* à un double point de vue. Il est possible que ces personnes conviennent soit que le père, le maître ou le possesseur ne poursuivra pas son débiteur, soit que le créancier du père, du maître ou du possesseur ne réclamera pas le payement de sa créance.

Ni le fils, ni l'esclave ne sauraient renoncer personnellement à poursuivre le débiteur, car ils n'ont droit à aucune action : Gaius nous dit en effet : *si filius aut servus pactus sit ne ipse peteret, inutile est pactium* (loi 23, § 2. *de pact.*). Cela est toujours vrai pour l'esclave; mais le fils de famille dans le cas où il aurait lui-même une action pourrait valablement y renoncer : ainsi il pourrait pactiser sur l'action d'injures, sans que bien entendu son père fût privé de l'action qu'il a de son chef. (l. 30, pr. *de pact*).

Quant au pacte, *generaliter conceptum*, il ne peut nuire en principe au maître ou au père de famille dont la position ne peut jamais être rendue pire par les opérations des personnes placées sous leur puissance. (L. 133. *de reg. jur.*). Cependant Gaius dans la loi 28. § 2. *de pact.* nous apprend que l'exception dérivant de ce pacte pouvait être opposée au maître ou au père, si le fils ou l'esclave ayant la libre administration de son pécule, pactisait *de re peculiari*, non pas *animo donandi*, mais dans le but d'obtenir en échange de ce qu'il abandonnait « *aliquid in quo non minus, vel etiam amplius esset.* »

En sens inverse, si le fils ou l'esclave font un pacte *de non petendo* avec le créancier qui renonce ainsi à poursuivre le père ou le maître, *ne à patre vel a domino petatur*, le père ou le maître auront le bénéfice de l'exception de pacte sans distinguer si le pacte a pour objet une dette contractée par le fils ou l'esclave, ou par eux-mêmes. (Lois 17, § 7, 18, 19, § 1. *de pact*). Il en serait de même pour les conventions faites par ceux qui *bona fide serviunt*, sauf une distiction : en ce qui concerne le fils de famille et l'esclave, le principe est généralement vrai; pour les autres, au contraire, il ne l'est que dans deux cas lorsqu'ils acquièrent *ex re domini* ou *ex suis operibus*. (Loi 7, § 18, *de pact.*

Si l'esclave n'avait obtenu qu'un pacte *de non petendo in personam, ne à se peteretur*, ce pacte n'aurait aucune utilité puisque l'esclave, n'est à raison de sa qualité soumis à aucune action : *in capite servo nulla cadit obligatio.* Le maître cependant aurait droit à l'exception subsidiaire de dol. Paul le dit expressément dans la loi 21, § 1, *in fine de pact.*

Si l'esclave institué héritier *sous condition*, a obtenu du créancier de la succession un pacte *de non petendo,* Ulpien, d'accord avec Marcellus et Vindius, annule ce pacte conclu avec un esclave alors qu'il était encore en esclavage; mais il lui accorde une exception de dol pour repousser la demande du créancier de l'hérédité qui voudrait l'actionner lorsque plus tard la condition se réalisant, il se trouverait tout à la fois libre et héritier.

Le jurisconsulte accorde la même exception du dol au fils de famille qui a conclu un pacte *de non petendo* avec les créanciers d'une succession à laquelle il était appelé et qui, après son émancipation a fait adition d'hérédité (l. 7, § 18. *de pact.*)

La position du fils de famille différait de celle de l'esclave quant au droit d'obtenir un pacte *de non petendo, ne à se petatur.* Comme il pouvait être engagé civilement envers toute autre personne que son père, le fils de famile, en convenant *ne à se petatur*, à la différence de l'esclave, faisait naître à son profit une exception de pacte; cette exception, s'il était poursuivi, même du vivant de son père, il pouvait l'opposer au créancier; et il en jouissait encore évidemment après la mort de son père.

Ce dernier pouvait lui-même invoquer cette exception s'il était atteint *de peculio* à raison d'une dette de son fils relative au pécule, ou s'il était soumis à une action *de in rem verso* à l'occasion du profit par lui retiré d'un acte juridique accompli par le fils. Bien plus, l'héritier du père pouvait se prévaloir de ce pacte du vivant du fils; mais après la mort de celui-ci, le pacte étant personnel puisque dans l'espèce le fils est convenu *ne à se petatur*, l'héritier ni le père ne pouvaient bénéficier de l'exception (lois 19, 20, 21 *de pactis.*)

Le jurisconsulte Paul examine ensuite la valeur du pacte *de non petendo* que la personne investie de la *patria vel dominica potestas* fait au profit de celle qui y est soumise.

En ce qui touche le pacte fait par le maître *ne à servo petatur*, il n'a pas plus de valeur que le pacte fait par l'esclave lui-même *ne à se petatur;* mais aussi comme dans ce dernier cas, il profitera au pactisant, c'est-à-dire au maître, *per exceptionem doli*, pourvu toutefois que telle ait été l'intention des parties.

Si nous supposons qu'un père de famille ait pactisé pour son fils, nous aurons plusieurs hypothèses à distinguer. — S'agit-il d'une dette du père, le fils ne profitera du pacte *ne à filio petatur* qu' s'il a été indiqué *tanquàm hœres futurus*; s'il a été désigné comme *extranens* et non comme héritier futur, l'exception de pacte ne lui appartiendra certainement pas, |même s'il devient héritier. — La même solution doit être donnée lorsque le père pactise *ne à se et à filio petatur*, sauf qu'en ce cas il résulte toujours du pacte, au profit du père, une exception *pacti*. Mais du moins y aura-t-il lieu alors à accorder au fils devenu héritier une exception *doli?* L'affirmative nous paraît découler d'une manière évidente des derniers mots du § 2 de la loi 21 *de pactis*. Ce que Paul, dans ce dernier texte, décide pour le fils devenu héritier du père, nous le déciderons aussi pour un étranger qui, après avoir été nommé dans le pacte, recueille l'hérédité du pactisant. La raison d'équité amène dans l'un et l'autre cas à concéder l'exception *doli*. — S'il s'agit d'une dette contractée par le fils et que le père pactise *ne à filio petatur*, le fils n'acquerra en aucune façon une exception *pacti*, car jamais *per liberam personam puta per patrem adquiri potest exceptio*. L'exception *pacti* qui fait défaut au fils est aussi refusée au père contre lequel le créancier agirait *de peculio ou de in rem verso*; c'est ce que nous trouvons attesté dans le § 3 *in medio de la loi* 21 *précitée*. — Lorsque le père aura pactisé *ne à se neve à filio petatur*, il pourra opposer l'exception *pacti* à l'action dirigée contre lui *de peculio* ou *de in rem verso*. Mais le fils n'aura pas le droit de repousser les poursuites dont il pourra être l'objet, par le même moyen. Seulement Paul lui permet alors d'invoquer l'exception *doli*. De cette décision nous conclurons que, dans le cas précédent, c'est-à-dire lorsque le père a pactisé *ne à filio petatur*, celui-ci a incontestablement la ressource d'une exception de dol qui devra même être accordée au père poursuivi par les voies prétoriennes.

Jusqu'ici nous avons supposé que le père pactisait pour son *filiusfamilias;* que décider s'il avait fait le pacte *ne à filio emancipato petatur?* Il ne pourrait évidemment résulter de ce pacte aucune exception pour le père qui n'a aucune action à craindre; quant au fils, il ne pourrait avoir la prétention d'user d'une exception *pacti conventi* en vertu d'un pacte sans valeur puisqu'il émane d'une *extranea et libera persona;* mais au moins serait-il admis à se prévaloir d'une exception *doli mali?* Cujas répond affirmativement : il se fonde sur plusieurs lois (l. 45, § 2, *de verb. obl.; l.* 9, *de pact. dotal.*) desquelles il résulte que, dans le cas d'une stipulation faite par un père au profit de ses enfants hors de puissance, il leur est concédé une action utile *propter summam affectionem parentum ne eo parentes frustrentur quod vehementer optaverunt.*

Pourquoi, dit alors Cujas, lorsqu'un père a pactisé en faveur de son fils émancipé, refuserait-on à ce dernier l'exception *doli*, à défaut de l'exception *pacti?*

§ 3. *Existence de certains rapports concernant l'obligation.*

Nous avons à voir maintenant quel est l'effet du pacte *de non petendo* consenti, à l'un de plusieurs *rei promittendi*, ou par l'un de plusieurs *rei stipulandi*, ou par le créancier au *debiteur principal* ou aux obligés *accessoires*.

Supposons d'abord un pacte *de non petendo* consenti à l'un des *rei promittendi*. Le pacte peut avoir été conçu seulement *in personam* : *a le Prime non petam*, et alors qu'il y ait ou non société entre les codébiteurs, il ne profite qu'à celui qui l'a obtenu ; le créancier conserve son action contre Secundus et celui-ci après avoir payé, pourra, s'ils sont associés, recouvrer de Primus la moitié de ce qu'il aura déboursé ; c'est-à-dire qu'en réalité le pacte n'aura procuré à Primus que le bénéfice de n'être pas poursuivi le premier. (Nous donnerons une solution toute différente en matière de legs de libération).

Si le pacte conclu par le créancier au profit de l'un des débiteurs corréaux a été conçu *in rem*, il faut distinguer. S'il n'existe pas de société entre les débiteurs, Primus qui a obtenu le pacte, n'ayant aucun intérêt à ce que Secundus ; l'autre *corrus promittendi*, échappe à la condamnation, il faut dire que Secundus ne pourra invoquer le pacte. — Si au contraire les débiteurs sont associés, comme la condamnation prononcée contre Secundus réfléchirait contre Primus au moyen de l'action *pro socio*, Secundus se défendra en invoquant le pacte, (l. 25 pr. *De pactis*.)

S'il est vrai que le pacte fait par un des *correi promittendi* non associés, quoique *generaliter conceptum*, ne motivait pas en faveur des autres l'exception *pacti*, il faut pourtant observer que lorsque le créancier avait ainsi voulu renoncer à toute poursuite d'une façon absolue, les *correi promettendi* qui n'avaient point pactisé avaient du moins la ressource subsidiaire de l'exception *doli*. Ulpien nous autorise a admettre cette décision lorsqu'il donne l'exception de dol au débiteur principal et aux cofidéjusseurs parceque l'un des fidéjusseurs a fait un pacte avec le créancier. Il n'y aucune raison de décider autrement dans notre hypothèse. (loi 25 et 26 *De pactis*).

Les mêmes principes étaient-ils applicables aux débiteurs simplement tenus *in solidum* ? Oui les mêmes principes étaient en grande partie applicables. Ainsi il fallait toujours rechercher si le créancier avait voulu faire un *pactum personale* ou un *pactum in rem*. De même il importait d'examiner s'il y avait ou non société entre les codébiteurs. Voici seulement une différence qui se présentait, dans le cas où il n'y avait pas société, suivant qu'il s'agissait de *rei promittendi* ou de simples débiteurs *solidaires* : lorsque le créancier faisait remise à l'un des *rei promittendi*, avec la volonté de ne gratifier que lui, il pouvait encore poursuivre l'autre pour la totalité de l'obligation ; au contraire, si la remise avait été consentie à un débiteur *solidaire*, la cession des actions ne pouvant plus s'opérer efficacement au profit de l'autre, celui-ci se trouvait libéré jusqu'à concurrence de la part pour laquelle il aurait recouru contre son codébiteur. Il existe pourtant un texte de Scévola renfermant une décision qui semble contredire ce que nous venons d'affirmer. Ce jurisconsulte suppose qu'une femme, dans son testament dispense Mœvius de rendre minutieusement compte de la tutelle, qu'il avait gérée conjointement avec Titius; après avoir indiqué ce que ne comprenait pas cette disposition, même au profit de Mœvius il se demande *an con-tutor liberatus videretur?* et il répond : *contutorem non liberari.* Ces expressions signifient que Titius n'est pas complétement libéré de l'action *tutelæ directa,* par exemple s'il a commis une faute personnelle dans l'administration; si au contraire, il est tenu *in solidum,* à raison d'une mauvaise gestion commune à lui et à Mœvius déchargé, les principes exigent, sans que notre texte s'y oppose, que Titius profite de la libération de son cotuteur, pour la part jusqu'à concurrence de laquelle il aurait eu recours contre Mœvius, si le créancier avait

pu, comme il le devait, céder ses actions. (loi **31**. §§
2 et 3. *de liber. leg.*) (Voir M. Demangeat. *Traité
desobligations solidaires* pages 301 et 302.)

'Au lieu de supposer un pacte *de non petendo* intervenu entre le créancier et l'un des débiteurs *correi*,
renversons l'hypotèse : le pacte a été conclu par l'un
des *correi stipulandi* avec le débiteur unique. Que
résultera-t-il de ce pacte? Pourra-t-il être opposé à
l'autre *correus* par le débiteur?

Paul, dans la loi 27, pr. *de pactis*, adoptant l'opinion de Nératius, d'Atilicinus et de Proculus, refuse
à l'un des *argentarii* le pouvoir de consentir au débiteur un pacte que celui-ci puisse invoquer contre
l'autre créancier, et il assimile les *correi stipulandi*
aux *argentarii socii*. La même décision s'applique,
soit que le pacte ait été foit *in personam*, soit qu'il
ait été fait *in rem* : la loi 27 est tout-à-fait explicite
sur ce point. Cette decision s'applique également
sans distinguer si les créanciers sont ou ne sont pas
associés. Et l'on peut facilement comprendre pourquoi l'existence d'une société qui modifie l'effet du
pacte consenti à l'un des *rei permittendi* ne modifie
point l'effet du pacte consenti par l'un des *rei stipulandi*. Lorsque le créancier commun ayant fait
un pacte *in rem* avec mon associé, vient ensuite me
demander le payement, je puis le repousser en disant que par cette demande il tend à éluder le pacte
qu'il a consenti, attendu que, si elle pouvait réus-
sir, mon associé n'aurait plus tout le bénéfice du
pacte. Mais quand il s'agit d'un pacte consenti par

l'un des *rei stipulandi*, il est évident que le débiteur poursuivi par l'autre *reus* ne peut jamais lui adresser un reproche du même genre. Vinnius, pourtant, a soutenu que le pacte fait par un des *correi stipulandi* nuisait à l'autre pour la part qu'il aurait dû restituer au pactisant *judicio societati*. Cette idée juste en elle-même nous semble formellement contraire à la loi que nous avons citée.

Le pacte *de non petendo*, au lieu d'intervenir pour libérer complétement les débiteurs *correi* ou l'un d'entre eux, pouvait intervenir seulement pour les affranchir de l'obligation au tout, ou du moins pour opérer la division de la dette à l'égard de quelques-uns d'entre eux. Bien entendu la dette ne se divisait pas alors *ipso jure*, mais seulement *exceptionis ope*. Bien entendu aussi, lorsqu'un seul des débiteurs avait été affranchi pour partie, ses cobligés restaient tenus pour le tout. — Le créancier pouvait renoncer à la garantie résultant de la modalité de l'obligation, non pas seulement expressément, mais même tacitement. Une constitution insérée au Cod (l. 18, *de pactis*, *liv.* II, *titre* 3), établit une présomption de renonciation tacite au bénéfice de la corréalité ; « Si creditores vestros ex pacte debiti » admisisse quemquam vestrum pro suâ personâ » solventem probaveritis : aditus rector provinciæ, » pro suâ gravitate ne alter pro altero exigatur, » providebit. » D'après ce texte remise tacite de la corréalité ne résultera que du concours de ces deux circonstances : 1° que le débiteur ait payé sa *part* entre les mains du créancier *qui admiserit*, en déclarant qn'il paye *pro suâ personâ*. Car, si le *correus debendi* a payé une fraction de la dette *simpliciter*, sans ajouter qu'il payait *pro suâ personâ*, le créancier conserve le droit d'exiger le surplus de celui des *correi* qu'il voudra choisir. 2º que le créancier ait accepté le payement avec la déclaration qui l'a accompagné.

Dans ce qui précède nous avons supposé qu'il existait seulement deux *correi debendi*; si nous nous plaçons dans l'hypothèse où ils sont plus nombreux, trois par exemple, il surgit alors une question débattue entre les interprètes du droit romain. L'un des *correi debendi* a payé un tiers de la dette de la manière indiquée plus haut : pour lui, il y a libération complète; mais faut-il considérer le créancier comme ayant divisé par ce fait l'obligation à l'égard des autres *correi*, en sorte que désormais il n'ait plus que le droit d'exiger un tiers de chacun d'eux ? Quelques auteurs ont décidé l'affirmative en s'appuyant sur les termes larges et absolus de la constitution : *providendum esse ne alter pro altero exigatur*. Donneau a avec raison repoussé cette opinion : quant aux expressions du texte, elles ne peuvent, dans un langage correct, s'appliquer qu'à deux personnes, ce qui ressort en outre du titre même de cette constitution où sont nommés les deux débiteurs qui sollicitaient une réponse des empereurs Dioclétien et Maximien. Il existe enfin, à l'appui de l'opinion de Donneau un motif tiré de ce principe général que le pacte fait avec un des débiteurs ne profite pas aux débiteurs qui y sont restés étrangers.

Nous allons rechercher maintenant quelle est la portée du pacte *de non petendo* obtenu soit par le débiteur principal soit par l'obligé accessoire.

En principe le pacte conclu avec le débiteur principal paralyse la demande du créancier même à l'égard du fidéjusseur ; autrement si ce dernier était poursuivi, il aurait recours contre le débiteur, et celui-ci serait indirectement privé du bénéfice du pacte (l. 21 § 5, *de pact.*). La loi 22 parait il est vrai, contraire au § 5 de la loi précitée, car il est dit dans cette loi que le pacte fait avec le débiteur ne profite point à son fidéjusseur : *non utetur fidejussor exceptione.* Mais il faut observer qu'il s'agit dans la loi 22 d'un pacte *in personam* qui par conséquent ne peut être d'aucune utilité pour le fidéjusseur. — Il pouvait en être ainsi dans le droit ancien parce que le créancier pouvait alors s'adresser à son choix au débiteur ou au fidéjusseur. Mais depuis la novelle 4 qui a décidé que le fidéjusseur poursuivi pourrait obliger le demandeur à discuter le débiteur avant que de le poursuivre, il est évident que le pacte *in personam* ne peut être utile au débiteur sans l'être aussi au fidéjusseur : le créancier restera toujours désarmé contre le débiteur principal à raison de la convention *de non petendo*, et contre le fidéjusseur à raison de l'exception de discussion.

Quand le fidéjusseur s'est engagé *animo donandi*, il est superflu de rechercher la nature du pacte *de non petendo* accordé au débiteur principal. Le fidéjusseur ne jouissant d'aucun recours contre le débiteur, ne peut en aucun cas se prévaloir du pacte. (l. 32, *h. tit.*).

Evidemment s'il s'agit d'un *pactum temporale*, si le créancier convient avec le débiteur qu'il ne le poursuivra pas avant cinq années, pendant cet espace de temps, ni le *reus*, ni le *fidéjusseur* ne pourront être poursuivis, mais après ce laps de temps, le créancier pourra diriger sa demande contre celui qu'il lui plaira d'actionner. (l. 27, § 1. *h. tit.*).

Le pacte *ne peteret* n'éteignait pas *ipso jure* l'obligation et procurait seulement au débiteur une exception ; il était facile de paralyser l'effet du premier pacte *ne peteret* par une second pacte *ut peteret*, donnant *une réplique* au créancier ; dans une pareille hypothèse, le fidéjusseur perdra-t-il par la seconde convention l'avantage qui résultait pour lui de la première ?

La loi 62 *De pactis* répond négativement ; mais un texte de Paul, la loi 27. § 2. h. tit. a donné lieu à de grandes difficultés : le jurisconsulte après avoir exposé le mécanisme et les effets de ces pactes successifs en ce qui touche les débiteurs en général, ajoute : *eadem ratione contingit ne fidejussoribus prius pactum prosit*; ce qui paraît signifier que l'utilité du premier pacte est enlevée au fidéjusseur par le second. Dès lors il semble bien qu'il y ait antinomie entre ces deux fragments. On a cependant proposé plusieurs conciliations ; on a dit que, par les mots cités plus haut, Paul a simplement voulu dire que le pacte *ne à se petatur* fait par un fidéjusseur ne lui profitera plus s'il pactise ensuite *ut à se petatur*. Cette interprétation *probabiliter*, aux yeux de Cujas n'exprime pas exactement selon Pothier (Pandectes t. I, p. 96) la pensée du jurisconsulte, car dit-il, tout ce qui concerne les effets d'un second pacte à l'égard du pactisant, qu'il soit débiteur principal ou débiteur accessoire, est exposé dans la première partie de ce § 2; mais ici, où on s'occupe exclusivement des fidéjusseurs, il ne peut être question que de savoir si le pacte *ne petatur,* fait par le débiteur principal, peut servir encore à l'obligé accessoire, après un second pacte *ut petatur* consenti par le *reus*. D'autres, se fondant sur l'expression *invito* de la loi 62, distinguent si le fidéjusseur a ou non donné son assentiment au second pacte; dans le premier cas prévu par Paul, le fidéjusseur perd l'exception *pacti*; dans le second cas, formellement proposé par Furius Anthianus il la conserve ; telle est la conciliation des glossateurs, que rien ne saurait justifier dans les termes de Paul. Nous trouvons la troisième interprétation rapportée dans les Pandectes de Pothier; elle consiste à dire que la décision de Furius n'a lieu que dans le cas où le fidéjusseur a ratifié et accepté, non plus ici la seconde convention, mais la première, car, l'exception lui étant alors acquise par un acte de sa volonté, on ne peut la lui ôter sans son consentement. Mais il n'est pas dit dans la loi 62 que le fidéjusseur eût accepté la première convention ; on ne peut même pas le supposer ; en le supposant, en effet, Furius aurait mis en question ce qui n'aurait pas pu faire de question. Pothier lui-même a reconnu, dans son *Traité des obligations* que la conciliation qu'il avait d'abord admise était divinatoire ; nous dirons après lui que ces deux fragments sont inconciliables.

Au lieu d'être garanti par un fidéjusseur, le créancier pouvait l'être par un *mandator pecuniæ credendæ* ; demandons-nous quel était à l'égard de ce dernier, l'effet du pacte *de non petendo* consenti au débiteur principal ? Nous pensons que dans cette hypothèse, le pacte, sans distinguer s'il est *in rem* ou *in personam conceptum*, doit toujours profiter au *mandator*. Cette décision, opposée à celle que les textes donnent clairement en ce qui touche le fidéjusseur, a pour fondement un principe spécial aux *mandatores pecuniæ credendæ*, qui pouvaient repousser l'action du créancier lorsque celui-ci, par sa faute, était dans l'impossibilité de leur céder son action contre le débiteur principal ou du moins de la céder efficacement, (l. 95 § 11 *de solut.*) ce qui avait lieu après un pacte *de non petendo*.

Étudions maintenant les effets du pacte *de non petendo* conclu au profit, non plus du débiteur principal mais du fidéjusseur.

Il est de principe, nous l'avons dit plus haut ; qu'une convention faite par une personne ne profite à une autre personne que dans le cas où l'exception accordée à cette dernière, doit protéger l'auteur lui-même de la convention. Or comme il importe peu au fidéjusseur libéré par un pacte *de non petendo*, que le créancier actionne ou non le débiteur principal, le pacte qu'il a conclu ne procure aucune exception à ce dernier. C'est ce que Paul expose très nettement dans la loi 23 h. tit. Le jurisconsulte va plus loin, et décide que ce pacte ne peut être invoqué par les co-fidéjusseurs de celui qui a pactisé, toujours a raison de l'absence d'intérêt pécuniaire chez ce dernier ; car si le co-fidéjusseur ne paie que sa part, invoquant le rescrit d'Adrien, il est clair que le pactisant n'a à craindre aucun recours ; s'il paie toute la dette, il ne peut ici encore rien réclamer du pactisant, (l. 39 *de fidejuss.*) à moins dit Modestin, qu'il n'y ait eu une cession d'actions, *nisi cessæ sunt actiones;* et le pactisant pourrait opposer l'exception *pacti* aussi bien au cessionnaire qu'au cédant ; remarquons seulement que cette impossibilité où se trouve le créancier de céder efficacement ses actions, n'autoriserait point le co-fidéjusseur à ne pas payer l'intégralité de la dette ; car le créancier n'était tenu que de céder ses actions telles qu'elles étaient au moment où il intentait la poursuite, et nous supposons que le pacte remonte à une époque antérieure. Cette position, comme on le voit, diffère

notablement de celle que le créancier, occupe vis-à-
du *mandator* à l'égard de qui il est obligé de conserver ses actions contre le débiteur principal pour
les lui céder.

SECTION III

COMPARAISON DE L'ACCEPTILATION ET DU PACTE DE NON PETENDO

Nous avons eu déjà l'occasion de le constater, un
caractère parfaitement tranché distinguait l'un de
l'autre chacun de ces modes de libération : de là
les deux ordres de dispositions différentes qui les
régissaient : les unes, empruntées au droit civil,
réglaient l'acceptilation ; les autres, dont la source
se retrouve dans le droit prétorien gouvernaient le
pacte *de non petendo*.

L'engagement que reconnaissait le *jus civile* pouvait être détruit, nous le savons, d'une manière
consacrée par le même droit, et l'emploi d'un tel
mode avait pour résultat l'anéantissement de l'obligation jusqu'à sa racine : *ipso jure tollitur obligatio*
Telle était la force de l'acceptilation. Le pacte, au

contraire, restait, en général, impuissant contre l'obligation civile. Seulement, à côté de celle-ci il constituait un fait, une convention dont le préteur tenait compte, n'osant pas aller jusqu'à l'anéantissement du lien de droit, il le rendait inefficace en accordant au débiteur une exception pour repousser la demande du créancier ; on disait que l'obligation était éteinte *exceptionis ope*. Tel était l'effet du pacte *de non petendo*.

Cette différence entre les différents modes d'extinction des obligations avait surtout une haute importance à l'époque où la procédure était régie par le système formulaire, dont le trait caractéristique était, comme on le sait, la division de l'instance en deux parties : l'une devant le magistrat *in jure*, l'autre, devant le *judex*. Quand la dette était éteinte *ipso jure*, par exemple par l'acceptilation, le débiteur pour se défendre n'avait qu'à contredire directement la demande, en démontrant que la créance n'existait plus. Au contraire, s'il y avait eu libération de la dette par un mode d'extinction *exceptionis ope*, par exemple au moyen d'un pacte *de non petendo*, le débiteur qui voulait repousser efficacement la demande du créancier au moyen de l'exception *pacti*, devait avoir soin de réclamer du préteur l'insertion de cette *exceptio* dans la formule que ce dernier lui délivrait. Par ce moyen, les pouvoirs du *judex* devant lequel le magistrat renvoyait les parties, se trouvaient plus étendus, et, le terrain du débat ainsi élargi, l'appréciation *in judicio* de la valeur du pacte devenait possible.

L'omission de cette exception dans la formule avait pour conséquence inévitable la condamnation du défendeur, du moins dans les actions *stricti juris;* car, dans les actions *bonæ fidei*, nous ne rencontrons plus la même exigence puisque, suivant les expressions de Paul, « in bonæ fidei judicio » exceptiones pacti insunt. »

Plus tard, après la disparition de l'*ordo judiciorum*, les pouvoirs du magistrat et du *judex* furent réunis dans les mêmes mains ; il importait cependant encore, quoique à un moindre degré, da distinguer entre nos deux modes de libération.

Une fois détruite, *ipso jure*, par l'acceptilation, l'obligation ne pouvait plus revivre : tout ce que pouvaient faire les parties, c'était de créer une seconde obligation semblable à la première. Quand, au contraire, il n'était intervenu qu'un pacte *de non petendo*, l'obligation paralysée seulement par une exception n'en subsistait pas moins, d'après le droit civil, et il était facile de restituer au lien juridique toute son ancienne force, en effaçant la puissance de l'*exception pacti* à l'aide d'un autre pacte *de petendo*, qui conférait au créancier le droit de *réplique*. L'utilité de ce second pacte était surtout frappante dans le cas où l'on n'aurait pas pu trouver dans la création d'une seconde obligation les avantages et les garanties dont le contrat primitif était entouré.

Il est bon de remarquer que le créancier n'avait

nul besoin de recourir à la ressource de la réplique, lorsque le débiteur lui opposait l'exception *doli* d'une manière générale, et la raison en est facile à saisir : il est de principe que celui qui résistait à une prétention avait le droit de prouver ce qui constituait une négation directe de cette prétention. L'insertion d'une exeaption dans la formule n'était nécessaire qu'autant que l'on voulait transformer le débat et établir une allègation nouvelle et étrangère.

L'obligation éteinte *ipso jure*, par l'acceptilation ne pouvait plus servir de base à un cautionnement ou à tout autre engagement accessoire; elle ne pouvait non plus être l'objet d'une novation; il en était autrement lorsque l'obligation était détruite par un pacte *de non petendo*, c'est-à-dire *exceptionis ope*, puisque l'engagement subsistait encore aux yeux du droit civil : il pouvait donc y avoir lieu, dans ce cas, soit à un cautionnement, soit à une novation.

Ces deux différences entre nos deux modes de libération sont les plus notables, mais non les seules. Tandis que le pacte *de non petendo* était soumis à des formes très-souples et propres à se plier aux moindres caprices de la volonté des parties, l'acceptilation était assujétie à des règles strictes et rigoureuses. Ainsi, par exemple, tandis que l'acceptilation ne pouvait être modifiée ni par un terme, ni par une condition apposés d'une manière expresse, le pacte *de non petendo* admettait l'une et l'autre de ces modalités.

C'était un principe commun à nos deux opérations que les intéressés devaient y participer directement et par eux-mêmes ; en droit prétorien comme en droit civil, nul ne pouvait acquérir pour autrui ou le grever d'une charge ; mais nous avons eu souvent l'occasion de constater à l'aide de quels moyens on parvenait à faire fléchir la rigueur des principes, et combien le préteur en accordant l'exception *doli* se montrait facile à protéger des intérêts fondés sur l'équité.

L'assimilation qu'Ulpien établit entre le payement et l'acceptilation (l. 5, *de accept.*) nous donne la raison de quelques conséquences propres à ce dernier mode de libération. Ainsi, quand l'un des *correi stipulandi* faisait une acceptilation au débiteur, il anéantissait complétement l'obligation. Fait dans de pareilles circonstances, le pacte *de non petendo* laissait intact le droit des *correi stipulandi* même s'il existait entre eux une *societas*.

L'acceptilation faite à l'un des *correi debendi* les libérait tous, qu'ils fussent ou non *socii*. Seul, le pacte *de non petendo in rem* fait à un *correus promittendi* profitait aux autres *correi* ; encore fallait-il qu'il y eût *societas* entre ces débiteurs.

Quand le fidéjusseur pactisait *de non petendo*, ni le débiteur principal, ni les cofidéjusseurs n'avaient le droit de se prévaloir du pacte pour repousser l'action du créancier (l. 23, *de pact.*).

Comme le fidéjusseur auquel le créancier faisait acceptilation était censé avoir payé, le débiteur principal et les cofidéjusseurs étaient affranchis de l'obligation (l. 13, § 7, *de accept.*)

La portée naturelle de l'un et de l'autre mode d'extinction était bien différente. Seules, à l'origine, les obligations crées *verbis* pouvaient être dissoutes par acceptilation, tandis que la convention *de non petendo* paralysait toute action, quelle que fut son origine. Mais l'invention de la stipulation aquilienne produisit entre ces deux genres de libération une analogie parfaite.

Il existait encore d'autres points de ressemblance entre le pacte *de non petendo* et l'acceptilation ; ainsi, dans le cas où l'on avait mentionné une somme supérieure à celle qui était réellement due, la libération se limitait toujours au montant de la dette, que l'on eût employé l'un ou l'autre de ces deux modes d'extinction des obligations (l. 15, *de accept.*; l. 27, §5, *de pact.*)

S'il s'agissait d'une dette alternative et que, soit dans l'acceptilation, soit dans le pacte, on n'eût indiqué que l'un des deux objets, Paul, (l. 27, § 6. *De pact.*) décide que les deux opérations produisent le même effet ; dans les deux cas, selon lui, la dette est éteinte. Ulpien semble émettre, dans un fragment du Digeste, une opinion contraire à celle de Paul ; il n'en est rien cependant, car l'hypothèse d'Ulpien n'est pas la même que celle de Paul. Le premier de ces jurisconsultes suppose une dette alternative et *conditionnelle en même temps* : si dès lors, *pendente conditione*, l'objet indiqué dans l'acceptilation vient à périr, à l'événement de la condition, il n'y a plus qu'une dette de corps certain, et son extinction, on le comprend facilement si l'on se rappelle les principes énoncés plus haut, ne peut résulter de l'acceptilation d'une chose autre que la chose due.

SECTION IV

DE LA REMISE DE LA DETTE CONSIDÉRÉE COMME MODE D'EXÉCUTION D'UNE LIBÉRALITÉ

Jusqu'ici nous avons étudié l'acceptilation et le pacte *de non petendo* en tant que modes d'extinction des obligations et sans nous préoccuper du but que le créancier pouvait se proposer d'atteindre en renonçant à sa créance. Nous devons maintenant considérer ces deux actes juridiques comme modes d'exécution d'une libéralité. Toutefois nous n'aurons pas à développer ici les principes qu'établissait la loi Romaine en matière de donations entre vifs ou testamentaires ; ces principes, nous les supposerons connus ; nous nous bornerons à en faire l'application, avec les textes, à l'acceptilation et au pacte *de non petendo*.

§ 1. *Du cas où l'acceptilation et le pacte de non petendo renferment une donation.*

Suivant la doctrine romaine la donation n'était pas un acte juridique particulier ; elle avait un caractère large que pouvaient revêtir les actes juridiques les plus divers. D'une manière générale on peut dire qu'il y a donation toutes les fois que l'acte entre vifs, fait dans une pensée de libéralité *cum animo donandi*, enrichit une des parties aux dépens de l'autre. Ces conditions pouvaient être réunies dans un pacte *de non petendo* ou dans une acceptilation. Ulpien s'en explique formellement pour cette dernière : « *stipulatio, donationis causâ* » *acceptolata, dicendum est locum liberationem ha-* » *bere* » (1. 17 *De donat.*) ; le même jurisconsulte est est aussi explicite en ce qui concerne le pacte : « *qui vero paciscitur donationis causâ, rem certam* » *et indubitatam liberalitate remittit.* » (Loi 1, *De transact.*) Plaçons-nous donc dans l'hypothèse où soit l'acceptilation, soit le pacte *de non petendo* ren-'

ferme une donation, et voyons à quelles règles particulières l'une et l'autre opérations juridiques se trouvent en conséquence soumises.

On sait que vers la fin de la république les donations entre époux furent prohibées dans le double but d'assurer la liberté réciproque des deux conjoints et d'empêcher que le maintien du mariage ne s'achetât à prix d'argent. La sanction de cette prohibition consistait dans la nullité de tout ce qui avait été fait en contravention à cette règle. Ulpien nous le dit dans la loi 3 § 10 *de donat. inter vir. et uxor.* : *ipso enim jure quæ inter virum et uxorem donationis causâ geruntur, nullius momenti sunt.* Si donc un des époux créancier de l'autre lui avait fait une acceptilation dans une intention de libéralité, l'acte était nul et l'époux créancier conservait le droit de poursuivre l'époux débiteur. Lorsque au lieu d'une acceptilation c'était un pacte *de non petendo* qui était intervenu entre les époux unis par un engagement pécuniaire ; bien certainement l'action du créancier restait intacte et quant à l'exception *pacti conventi*, elle ne pouvait être opposée avec succès, car selon l'expression d'Ulpien, *quotiens pactum à jure communi remotum est, servari hoc non oportet* (loi 7 § 16 *de pactis*).

Que faudrait-il décider dans le cas où l'époux créancier aurait plusieurs *correi promittendi* parmi lesquels son conjoint? quel serait l'effet d'un pacte ou d'une acceptation intervenant avec un seul des obligés ?

Ulpien dans la loi 5 § 1 *de donat. inter vir. et uxor.*, suppose que le mari a fait acceptilation à la femme et ce dans l'intention de la gratifier? il décide que l'acceptilation n'a aucune valeur, qu'elle est comme non avenue, et que l'obligation corréale ne peut en recevoir aucune atteinte. C'est l'application pure et simple de la règle que nous avons citée ci-dessus. — Il suppose ensuite que le mari a fait acceptilation, non plus à la femme, mais à l'autre *reus*; il décide alors que ce *reus* sera libéré, tandis que la femme restera tenue : « Plane si proponas » Titio acceptolatum, ipse quidem liberabitur, mu- » lier vero manebit obligata. » Malgré le silence d'Ulpien nous croyons qu'il faut distinguer s'il y avait ou non société entre les deux *rei*, et que cette décision doit être restreinte au cas où il n'y avait pas société entre eux. En effet, s'il y avait société entre Titius et la femme, celle-ci restant tenue aurait recours contre Titius, et alors à quoi bon dire que ce dernier est libéré, puisqu'en définitive il devrait toujours supporter sa part dans la dette? La suite même du texte vient à l'appui de cette idée. Assurément rien de plus naturel que d'expli- quer le § 1er par le § 2; or voici ce que nous lisons dans le § 2 : « Generaliter tenendum est quod inter » ipsos, aut qui ad eos pertinent, aut per interposi- » tas personas, donationis causâ agatur; non valere. » Quod si aliarum extrinsecus rerum personarum » ve causa commixta sit, si separari non possit, » nec donationem impediri; si separari possit, cœ-

» tera valere, id quod donatum sit non valere. »
Le jurisconsulte vient de supposer que le mari,
pour gratifier à la fois sa femme et Titius, fait acceptilation à Titius. Alors Titius joue véritable-
ment un double rôle : en tant que la donation
s'adresse à lui, il figure *proprio nomine*; en tant
qu'elle s'adresse à la femme, il figure comme personne interposée. Mais, suivant la règle générale rapportée en tête du § 2, la donation entre époux reste
nulle lors même qu'on aurait cherché à la déguiser
au moyen d'une interposition de personnes : donc
nous avons ici deux donations, l'une valable et
l'autre nulle; et ceci est précisément la justification
de la décision donnée à la fin du § 1er : *Titius liberabitur, mulier vero manebit obligata.* Maintenant
les choses pourront-elles toujours se passer ainsi?
Peut-être sera-t-il impossible de scinder, de séparer
l'une de l'autre les deux donations que le créancier
a voulu réaliser au moyen de l'acceptilation : alors,
forcé de prendre un parti unique, d'annuler le tout
ou de valider le tout, c'est à ce dernier parti que
s'arrête le jurisconsulte, de sorte que, l'intérêt de la
femme et celui de Titius étant liés d'une manière
indissoluble, ce n'est pas Titius qui en souffre;
c'est la femme qui en profite. Il paraît bien certain
que tel est l'enchaînement des idées du jurisconsulte : le § 2 vient ainsi à la fois justifier la décision du § 1er *in fine*, et en restreindre la portée :
la décision dont il s'agit n'est vraie qu'autant qu'il
est possible de séparer les deux donations, d'annu-

ler l'une en validant l'autre. Or cette séparation est-elle possible quand Titius et la femme sont associés, c'est-à-dire dans un cas où la femme, si malgré l'acceptilation elle reste obligée de payer, aura nécessairement son recours contre Titius? C'est qu'il n'est pas possible de comprendre. (Voir M. Demangeat : *de duobus reis.*)

Supposons maintenant que l'époux créancier a pactisé *de non petendo* avec son conjoint débiteur. Le pacte est sans valeur et ne saurait par conséquent profiter à aucun des *correi debendi*, sans distinguer s'ils sont ou non *socii*. — Si au contraire il a pactisé avec le débiteur qui n'est pas son conjoint nous devrons distinguer : si les *correi* ne sont pas *socii*, il est évident que l'époux débiteur n'a aucun droit à invoquer ce pacte qui ne sert qu'au pactisant seul ; quand ils sont *socii*, le pacte ne pouvant profiter au pactisant qu'à la condition de profiter à son associé, nous dirons avec Ulpien que l'époux débiteur peut l'invoquer, *non empediri donationem.*

Nous devons rappeler ici qu'un sénatus-consulte, rendu sur la proposition de Caracalla, vint tempérer la rigueur des principes jusqu'alors reçus en matière de donations entre époux. Depuis cette époque les donations *entre-vifs* assimilées aux donations *mortis causâ* furent permises entre conjoints sous la réserve de la caducité par suite du prédécès du donataire. Si donc un conjoint avait fait donation par acceptilation à son conjoint débiteur, de ce que celui-ci lui devait, l'efficacité de l'acceptilation

était tacitement subordonnée au prédécès du donateur : en sorte que si le donataire venait à mourir
avant le donateur, l'acceptilation devait être considérée comme non avenue. (Nous savons que cela
était possible, malgré que l'acceptilation fut un
actus legitimus, en vertu de la règle *expressa nocent, non expressa non nocent.*) Si le conjoint em-
ployait la forme du pacte *de non petendo* pour par-
faire la donation, il pouvait valablement *exprimer*
dans l'acte la condition de la survie du donataire.
— Remarquons que pour le pacte comme pour l'acceptilation, leur effet ne se produisait que contre
les héritiers du donateur ; car si celui-ci intentait
une demande, il révoquait ainsi sa libéralité ; d'après
les termes mêmes du sénatus-consulte, *fas est eum
penitere.* Cette faculté de se repentir constituait
pour le donateur une garantie de liberté substituée
avec juste raison à l'ancienne mesure exces   ^t
radicale de la nullité.

En l'an 550 de Rome la loi *Cincia* ou *lex muneralis* établit des règles restrictives de la faculté de
donner entre-vifs. Une donation s'adressant à une
persona non excepta ne dut pas dépasser un certain
taux *modus legitimus* dont nous ignorons le chiffre.
Si elle dépassait cette limite elle n'était pas considérée comme nulle, mais comme imparfaite en certains cas et révocable au gré du donateur. Voici
l'application de ces principes à la donation contenue dans une acceptilation ou un pacte *de non
petendo* : l'acceptilation éteignant absolument le

droit du donateur rendait la donation parfaite. Nous savons en effet que lorsque le donataire n'avait pas besoin d'agir, qu'il était nanti, la loi *Cincia* n'ouvrait au donateur aucune action spéciale pour reprendre sa chose ; qu'elle lui permettait seulement de faire valoir tous les moyens de droit commun qui seraient restés entre ses mains, et qu'en toute autre hypothèse il emploierait inutilement. Or ici, il ne lui restait aucun de ces moyens de droit commun. — Le pacte *de non petendo* laissait au contraire au donateur la ressource de son ancienne action qui grâce à la *replicatio Cinciæ*, triomphait de l'exception *pacti conventi* opposée par le donataire. (loi 1, § 1. *Quib. modis. pign. solu.*)

Remarquons que la loi *Cincia* pouvait être invoquée non pas seulement par le donataire, mais aussi par tous les autres intéressés et par les héritiers eux-mêmes, car c'était là un droit compris dans le patrimoine de leur auteur. Toutefois s'il était prouvé que le donateur avait persisté jusqu'à son dernier moment dans la volonté de donner, sa mort rendait la donation parfaite et l'héritier qui, dans notre hypothèse du pacte *de non petendo*, aurait voulu se prévaloir de la *lex muneralis* en opposant la *replicatio Cinciæ*, aurait été à son tour repoussé par une duplique de dol. Cette décision avait été consacrée par un rescrit de Caracalla (frag. vat. § 266) et Paul la formule en ces termes : *morte Cincia removetur* (frag. vat., § 259). — La loi *Cincia* fut dans la suite tacitement abrogée.

Nous n'avons pas à nous arrêter sur la législation du code en matière de donations entre-vifs ; on sait qu'elle prescrivait certaines formalités telles que la rédaction d'un acte écrit, la présence de témoins et et l'insinuation. Ces formalités étaient par conséquent applicables à l'acceptilation et au pacte *de non petendo* lorsqu'ils renfermaient une donation.

Sous Justinien nous ne rencontrons plus qu'une seule formalité prescrite, l'insinuation, et seulement pour les donations excédant 500 solides. Cette formalité consistait dans un acte judiciaire dressé sur la déclaration des parties par le magistrat compétent. Au cas de défaut d'insinuation, la donation était radicalement nulle et considérée comme non avenue. Néanmoins, la nullité ne frappait que la valeur excédant 500 solides. On comprend facilement comment cette doctrine devait s'appliquer à une libéralité résultant d'une renonciation à son droit consentie par le créancier au moyen d'une acceptilation ou d'un pacte *de non petendo*.

L'un et l'autre de ces actes étaient soumis à certaines causes de révocation à raison du caractère gratuit dont ils pouvaient être revêtus.

Lorsqu'un débiteur accomplissait en fraude de ses créanciers, un acte juridique quelconque, le préteur leur accordait pour en obtenir quant à eux la révocation, une action personnelle *in factum*, appelée dans un fragment des Pandectes, *actio Pauliana*, qui durait seulement une année utile à partir de la vente des biens (l. 38 § 5 *de usur. et fructibus*).

Cette voie de recours était assurément ouverte contre l'acceptilation ou le pacte *de non petendo*, même lorsque ni l'un ni l'autre de ces modes d'ex-. tinction ne renfermait une libéralité. Mais le caractère de donation était une cause spéciale de révocation ; il suffit de rappeler une distinction connue sur les conditions de l'exercice de l'action Paulienne, selon qu'il s'agit d'actes à titre onéreux ou à titre gratuit. Quant aux premiers, le *consilium fraudis* doit avoir existé chez celui qui est poursuivi pour que l'action réussisse ; ceux au contraire qui ont acquis *ex lucrativâ causâ* sont tenus, bien qu'on ne prouve point à leur égard la *conscientia fraudis* (l. 6. § 11, 25 § 1 *quæ in fraud. credit.)* On voit donc que si le débiteur libéré l'a été à titre gratuit, quoique de bonne foi, il est passible de l'action Paulienne. Les créanciers demandaient par elle une condamnation limitée dans notre hypothèse au gain fait par le débiteur, *quatenus locupletior factus ;* seulement il était possible au défendeur de l'éviter et d'arriver à une absolution, en consentant, soit à se replacer dans les liens d'une obligation semblable pour le cas d'acceptilation, soit à faire un pacte en sens inverse du premier pour en détruire l'efficacité. (l. 10 § 22, 23 *quæ in fraud. credit.)* — L'action Paulienne était donnée non-seulement contre ceux qui avaient contracté avec le débiteur *fraudator*, mais encore contre celui qui, sans participer à l'acte, était complice de la fraude ; on allait même jusqu'à déclarer passible de cette action la personne qui, n'ayant pris aucune part à l'acte préjudiciable aux créanciers et n'étant pas *conscia fraudis*, en retirait du moins un avantage dont on pouvait dire que *ex donatione capit*. Venuleius, dans la loi 25 pr. *quæ in fraud. cred.* nous offre une application remarquable de ces principes en matière d'acceptilation. Le jurisconsulte prévoit trois hypothèses : dans la première le fidejusseur a obtenu du créancier *fraudator* une acceptilation qui, nous le savons, dégage le débiteur principal; si l'un et l'autre obligé a connu le préjudice causé aux créanciers de son créancier, l'un et l'autre seront tenus de l'action Paulienne; sinon sera tenu *is qui scierit;* cependant si le fidéjusseur de mauvaise foi est insolvable, Venuleius accorde l'action contre le *reus*, *etiam si ignoraverit*, parce qu'il fait un gain. Passant ensuite au cas où l'acceptilation a été faite au débiteur principal, le jurisconsulte donne l'action contre le fidejusseur de mauvaise foi, *conscius fraudis*, mais supposant que le *reus* est insolvable et l'obligé accessoire de bonne foi, Venuleius refuse l'action contre celui-ci, car il aurait payé pour autrui, sans la libération, et grâce à elle, c'est plutôt un dommage qu'il évite qu'un bénéfice qu'il obtient. Dans la dernière hypothèse, celle des *correipromittendi*, le jurisconsulte se contente de dire, *par utriusque causa est*, ce qui signifie, d'après l'ensemble du fragment, que après une acceptilation faite à l'un des *correi*, il y a lieu d'intenter l'action

Paulienne contre l'autre, même de bonne foi, parce-
qu'il obtient sa libération *ex lucrativâ causâ.*

Le donateur avait quelquefois le droit de révoquer sa libéralité. Le principe en cette matière se
trouve dans les *fragmenta Vaticana* § 272 *omnis
donatio mutata patronorum voluntate revocanda.*
Plus tard, la révocation ne fut plus permise au
patron qu'en deux cas, celui de la survenance d'enfants et celui d'ingratitude. — Le deuxième cas de
révocation fut érigé par Justinien en règle générale
(loi 10 *Cod. de revoc. donat.*). Lorsque le créancier
donateur se trouvait dans l'un des cinq cas d'ingratitude, il pouvait révoquer la libéralité qu'il avait
faite au débiteur. Dans le cas d'un pacte *de non petendo* il paralysait l'exception *pacti* par la réplique
doli; mais s'il était intervenu une acceptilation, le
créancier n'avait plus qu'à intenter une *condictio
ex lege.*

Remarquons que ce droit de révoquer pour ingratitude ne pouvait être exercé que contre le débiteur ingrat lui-même, et par le donateur seulement.

Il existait encore dans la législation romaine des
conséquences pratiques dérivant du caractère de
donation que pouvait offrir le pacte *de non petendo*
ou l'acceptilation. Ainsi, le fils de famille ayant
l'administration de son pécule n'avait pas le pouvoir
de décharger de la sorte un de ses débiteurs, à moins
que le père ne l'eût autorisé à donner. Ulpien dit
en effet dans la loi 7 § 2 *De donat. Dig.* : « Item vi-

» deamus, si quis filio familiàs liberam peculii ad-
» ministrationem concesserit, ut nominatia adji-
» ciret, *sic se ei concedere, ut donare quoque possit :*
» an locum habeat donatio? Et non dubito donare
» quoque eum posse. » Probablement encore, il
était interdit au créancier de gratifier, par une libération de l'engagement, le débiteur qui serait son
avocat ou magistrat ; la loi Cincia défendait en effet
aux avocats d'accepter aucun présent à raison de
leurs services et nous trouvons dans la loi *Julia re-*
petind., la prohibition de faire des présents aux
personnes investies de fonctions publiques (loi 8,
ad. leg. Jul. repet.)

§ 2. *Du cas dans lequel l'acceptilation ou le pacte* de
non petendo servent à l'exécution d'un legs, ou du
legs de libération.

Nous supposons qu'un testateur a enjoint à son
héritier, ou d'accomplir un acte extinctif de la
créance à laquelle il va succéder, ou bien de ne pas
poursuivre le payement de la dette. Quels sont les
effets produits par ce legs ?

Supposons d'abord un légataire unique, seul in-
téressé à la libération. Le legs qui lui est fait n'a
pas la vertu d'éteindre par lui-même l'obligation

dont il est tenu, car le legs n'est pas un des modes d'extinction des obligations reconnus par le droit civil ; et nous savons que ce sont les seuls qui par eux-mêmes, entraînent la libération du débiteur. Mais l'effet du legs sera de donner au légataire le droit de repousser par l'exception de dol la poursuite du créancier, ou prenant l'initiative, de demander par l'action *ex testamento* que l'héritier le libère par une acceptilation.

Mais quel intérêt le légataire aura-t-il donc à obtenir sa libération ? Pourquoi ne pas attendre que l'héritier de son créancier l'actionne en justice, puisqu'il peut le repousser par l'exception *doli* ? La preuve de l'acceptilation ne sera-t-elle pas à sa charge tout comme la preuve du legs l'aurait été ?

Nous répondrons d'abord qu'il sera bien plus facile au légataire plus tard poursuivi, de fournir la preuve d'une acceptilation que de prouver la libération résultant pour lui d'un testament qui est entre les mains de l'héritier. L'acceptilation faite devant témoins ou constatée par un *instrumentum* lui donnera pleine sécurité contre les fraudes, les suppressions de testament que l'héritier pourrait ultérieurement commettre. De plus, la question de savoir si l'acceptilation a ou n'a pas suivi le legs de libération aura un grand intérêt pour le cas où le légataire renoncerait postérieurement à profiter du bénéfice du legs. Tant qu'il n'y aura pas eu acceptilation la renonciation sera valable et le légataire pourra par sa simple volonté anéantir l'exception *de dol.* Si au contraire l'acceptilation a déjà eu lieu, le légataire ne pourra point en renonçant au legs se constituer débiteur. La renonciation n'aura d'autres effets que ceux d'un pacte et l'héritier du créancier qui voudrait le poursuivre n'aurait contre lui ni l'action primitive éteinte par l'acceptilation ni une autre action naissant de cette renonciation postérieure.

Après avoir examiné le cas où le legs de libération n'intéresse qu'un débiteur unique, nous allons passer en revue les différentes hypothèses où l'on rencontre plusieurs débiteurs, soit qu'accédant à la même obligation ils soient tenus d'une façon principale et directe, soit qu'ils y jouent à titre de débiteurs des rôles différents : l'un étant obligé principalement, l'autre d'une façon accessoire et en qualité de fidejusseur, soit enfin qu'ils se trouvent vis à-vis l'un de l'autre dans des relations de puissance paternelle ou de puissance dominicale.

Legs de libération dans le cas d'obligation corréale. — Quel sera l'effet du legs de libération fait à Primus *correus promittendi* de Secundus? Nous répondrons avec Ulpien (loi 3. *de liber. leg.*) par la distinction suivante : si les *correi* ne sont pas associés, c'est à Primus seul que doit profiter la libération. Celui-ci actionne l'héritier, afin qu'il le libère, non par une acceptilation, mais par un pacte *de non petendo.* L'acceptilation en effet équivaut au payement; comme le payement elle éteint la dette vis-à-vis de tous les obligés; *acceptilatione unius tota solitur obligatio;* tandis que le pacte aura l'effet d'affranchir Primus et lui seul de l'obligation dont il était tenu. Lorsqu'il sera actionné il repoussera l'action par une exception naissant du pacte qui lui aura été consenti.

Si, au contraire, nous supposons qu'il y a société entre les *correi*, Primus pourra exiger du créancier une acceptilation dont Secundus profitera aussi. Celui-ci aurait encore le droit d'invoquer le pacte *de non petendo in rem* intervenu entre l'héritier et Primus; sans cela, en effet, Secundus payant même une fraction de la dette, Primus devrait en supporter sa part; car en matière de société il est entendu que toute somme payée par l'un se répartit entre tous.

Il faut ici remarquer une singularité apparente. Lorsque le créancier fait le pacte *de non petendo in personam* avec l'un des deux *rei*, y eut-il société entre eux, celui-là seul aura l'exception *pacti conventi* avec qui le pacte a été fait : en général, le créancier est présumé avoir seulement voulu dispenser celui-là de la nécessité d'avancer le montant intégral de l'obligation. Au contraire si le créancier a fait un legs de libération à Primus, ce legs, en cas de société, et bien qu'il n'ait pas été conçu *in rem*, permettra même à Secundus de se défendre contre l'action de l'héritier. Comment se fait-il que le legs ait ainsi un effet plus absolu que le pacte *in personam*? Sans doute, dans un cas comme dans l'autre, un seul des *rei* a été nommé : le créancier a

dit : *a le Prime, non petam*, ou bien : *Heres meus
damnas esto a Primo non petere*. Mais les Romains
ont toujours eu l'habitude d'interpréter largement
les dispositions testamentaires : « in testamentis,
» dit Paul (l. 12, *de reg. juris*) plenius voluntates
» testantium interpretantur. » Donc dans notre
espèce on doit croire que l'intention du créancier
a été que Primus fût définitivement déchargé ; sans
cela le bénéfice résultant pour lui du legs se rédui-
rait à trop peu de chose. — Remarquons d'ailleurs
que pour le créancier qui fait un pacte avec Primus,
il n'y a rien de plus facile que de dire en termes gé-
néraux *non petam*, sans nommer personne ; s'il
nomme Primus c'est sans doute parce qu'il entend
que lui seul puisse se prévaloir du pacte. Au contraire, quand on fait un legs, de toute nécessité il
faut nommer quelqu'un, de sorte que nous pouvons
toujours dire du legs ce que le jurisconsulte Ulpien
nous indique comme pouvant quelquefois être dit
du pacte : « persona pacto inseritur, non ut perso-
» nale pactum fiat, sed ut demonstretur cumquo
» pactum factum est. » (l. 7 § 8 *in fine de pact.*) Spé-
cialement dans le cas du legs de libération les deux
rei étant *socii* on peut admettre que de droit commun le résultat sera le même, soit qu'ils aient été
nommés tous les deux, soit qu'un seul ait été
nommé.

Du legs fait à tous les *correi promittendi*. — Si tous
les *correi promitendi* sont capables de recueillir le
legs, un quelconque d'entre eux pourra demander à

l'héritier qu'il lui consente la remise de la dette, et l'acceptilation faite à l'un d'eux libérera tous les autres. — Mais il peut arriver que l'un des *correi* soit incapable de profiter du legs aux termes des lois caducaires.

Les lois *Julia* et *Papia Poppæa* frappaient d'une incapacité totale de recueillir les *cælibes*, c'est-à-dire les personnes qui n'avaient point été mariées, ou qui devenues veuves n'avaient pas convolé à de secondes noces. Les *orbi*, gens mariés sans enfants, ne pouvaient recevoir que pour moitié les dispositions faites en leur faveur. L'homme marié qui a un enfant, la femme qui en a trois profitaient des dispositions qui leur étaient adressées et de plus, la loi leur attribuait les portions destinées aux *cælibes* et qui devenaient caduques. Certaines personnes parmi les *orbi* et les *cælibes* étaient *solidi capaces*, c'est-à-dire pouvaient recevoir la totalité de la libéralité qui leur était faite, mais sans jouir du droit d'accroissement sur les parts caduques. Les cognats ou alliés du testateur jusqu'au 6ᵉ degré, les personnes d'un âge trop faible ou trop avancé étaient comprises dans cette catégorie. — Notons que les *Latins juniens* qui n'avaient pas acquis la cité romaine au plus tard dans les cent jours de la mort du testateur, étaient comme les *cælibes* privés du *jus capiendi*. — Tel est le tableau sommaire des diverses incapacités prononcées par les lois caducaires. — Appliquons maintenant ces principes au legs de libération fait à tous les *correi*, lorsque parmi

eux un obligé se trouve incapable, et demandons-
nous quel effet le legs va produire. Paul, dans la loi
20 *de liber. legatâ*, répond à la question par la distinction suivante :

1° Les débiteurs ne sont pas associés ; — dans ce
cas, l'héritier du testateur doit déléguer l'incapable
à celui qui a le *jus capiendi*, de façon que celui-ci
soit mis au lieu et place du créancier. Il faut remarquer que cette solution suppose nécessairement
que le *correus* a non-seulement le *jus capiendi*,
mais encore le *jus caduca vindicandi*, car, par cette
délégation, il ne sera pas seulement dégagé envers
le créancier primitif, mais il pourra en outre réclamer à son *correus :* c'est donc qu'il a le droit de
profiter de la caducité du legs en ce qui concerne
son coobligé.

2° Les débiteurs sont associés. — Dans ce cas
l'incapable devra forcément profiter de la présence
du capable. On ne saurait faire supporter à l'incapable une part quelconque dans la dette sans qu'il
ne puisse demander à son coassocié de lui rembourser une partie de la somme payée, ce qui dé-
truirait au moins partiellement l'effet du legs de
libération vis-à-vis du capable, contrairement à
l'intention du testateur. Il y aura donc lieu à une
acceptilation qui libérera à la fois tous les débiteurs ; l'incapable profitera donc en quelque sorte
du *jus capiendi* par une conséquence nécessaire des
principes de la société.

Du legs de libération dans le cas où l'obligation

principale est garantie par un fidéjusseur. — On peut distinguer dans cette hypothèse trois sortes de legs : le legs fait par le créancier au débiteur principal, le legs fait au fidéjusseur, et le legs fait à ce dernier par le débiteur principal lui-même.

Si le legs est fait au débiteur principal par le créancier, pas de difficulté. Ulpien, dans la loi 5 *de liber. leg.* dit qu'il faudra le libérer par acceptilation ce qui dégagera par là même le fidéjusseur des liens de l'obligation. Si, en effet, on faisait usage d'un pacte, le fidéjusseur pourrait être poursuivi, et comme il exercerait un recours contre le débiteur principal celui-ci serait, par une voie indirecte, privé du bénéfice du legs.

L'explication que nous venons de donner conduit à cette conséquence que dans tous les cas où le fidéjusseur n'aurait pas de moyen de recours contre le *reus*, il faudra libérer celui-ci par un simple pacte *de non petendo*; par ce moyen le legs pourra se restreindre à la personne du légataire comme c'était l'intention du testateur. Nous citerons comme exemple le cas où le fidéjusseur a reçu lui-même et employé à son usage personnel les deniers que le débiteur principal s'est engagé à rendre au créancier. Dans cette hypothèse où le *reus* est libéré par un pacte, le fidéjusseur ne pourrait-il pas se prévaloir du principe général qui veut que l'exception de pacte que peut opposer le débiteur principal appartienne au fidéjusseur? Nullement, car le pacte n'intervient ici que pour assurer l'exécution d'un legs, et comme le legs lui-même il ne doit avoir d'autre but que l'intérêt du légataire.

Supposons maintenant le legs fait au fidéjusseur par le créancier. En principe, le créancier ne devra faire et le fidéjusseur ne pourra exiger qu'un pacte *de non petendo* qui n'affranchira de la dette que le fidéjusseur et laissera le débiteur principal exposé à l'action du créancier. Mais la solution changerait dans le cas où le débiteur principal pourrait exercer un recours contre le fidéjusseur, par exemple lorsque ce dernier serait son associé, ou lorsque le véritable débiteur serait le fidéjusseur lui-même.

Dans ces deux cas, en effet, si le débiteur principal restait exposé à l'action du créancier il aurait le droit de répéter contre le fidéjusseur ce qu'il aurait payé, par l'action *pro socio*, ou *mandati*, de façon qu'il enlèverait à la caution le bénéfice du legs qui lui a été fait. Il faudra donc dans ce cas recourir à l'acceptilation qui rendra impossible toute action ultérieure. (loi 5, § 1. *de lib. leg.*)

Il se peut que le legs de libération fait au fidéjusseur se complique de clauses accessoires. Julien en donne des exemples dans la loi 10 *de lib. leg.* Il suppose qu'un testateur, après avoir légué sa libération au fidéjusseur, ordonne à son héritier de donner à un tiers, *Titius*, ce que doit le débiteur principal. Que faire en ce cas? Libérer par un pacte le fidéjusseur et céder au légataire les actions qu'il conserve contre le débiteur principal. Si le legs de libération s'adresse au principal obligé, et

que l'héritier soit chargé de donner à un tiers ce
que doit le fidéjusseur, l'héritier devra faire acceptilation au débiteur principal et donner au légataire la somme pour laquelle le fidéjusseur avait
cautionné.

Nous arrivons à la troisième hypothèse : celle du
legs fait au fidéjusseur par le débiteur principal
lui-même, qui ordonne à son héritier d'affranchir
le fidéjusseur du cautionnement qu'il a bien voulu
lui fournir. La loi 11 *de lib. leg.* prévoit cette hypothèse. Elle expose que l'utilité de ce legs consiste
en ce que le fidéjusseur aimera mieux être délivré
de suite de son obligation que de fournir au créancier l'objet de la dette qu'il a garantie, puis d'agir
ex mandato contre le principal obligé. « Si de-
» bitor fidejussorem suum ab hærede suo liberari
» jusserit, an liberari debeat? Respondit, de-
» bere. »

Du legs de libération, à raison de dettes contractées par des fils de famille ou des esclaves.—Et,
d'abord, si le créancier a fait un legs de libération au père obligé *de peculio* à raison d'une dette
contractée par son fils, le père doit être affranchi
par un pacte seulement, car une acceptilation
entraînerait la libération du fils, ce qui serait contraire à l'intervention du testateur (loi 5, § 2, *de lib.
leg.*). Le jurisconsulte Ulpien fait remarquer qu'il
est utile au père d'être libéré par un pacte, car,
bien qu'il n'y ait rien dans le pécule au moment
du *dies cedens* du legs, on le poursuivrait plus tard,

lors de la demande, si à cette époque il y avait quelque chose *in peculio.*

Si, au contraire, le legs de libération a été fait au fils de famille placé sous la puissance du débiteur, c'est-à-dire si le créancier a enjoint à son héritier de libérer le fils de l'obligation à raison de laquelle le père se trouve lui-même tenu *de peculio,* y aura-t-il lieu à acceptilation, ou l'héritier devra-t-il simplement conclure avec le fils un pacte *de non pétendo?* On admet en principe qu'il devra être libéré par une acceptilation qui libérera aussi le père. C'est l'avis qu'il faudra suivre à moins qu'il ne résulte clairement que la volonté du testateur a été que le fils seul ne soit pas inquiété et non le père; dans cette dernière hypothèse, le fils devra être libéré par un simple pacte (l. 5, § 3, *de lib. leg.*)

Si le père s'est porté fidéjusseur de la dette contractée par son fils, s'il est soumis par conséquent à payer l'intégralité de la dette, et non à l'acquitter jusqu'à concurrence du pécule seulement, et que sa libération lui ait été léguée, l'héritier aura à le libérer par un pacte, comme fidéjusseur et non comme père. Il restera donc soumis à l'action *de peculio,* à moins toutefois que l'intention des parties n'ait été de le libérer comme père et comme fidéjusseur (loi 5, § 4, *de lib. leg.*),

Examinons enfin l'hypothèse où le legs de libération est fait au profit de l'esclave du débiteur;

Il faut supposer ici que le maître de l'esclave est

tenu *de peculio* ou par l'une des actions institoire ou exercitoire.

D'abord, si le legs de libération consiste dans un ordre adressé par le testateur à son héritier, de faire acceptilation à l'esclave du débiteur, le maître de cet esclave pourra très valablement agir *ex testamento* contre l'héritier afin d'obtenir une acceptilation qui le libérera lui et l'esclave. — Mais si au lieu d'être ainsi conçu, le legs de libération est une défense adressée à l'héritier de demander à l'esclave Stichus le montant de sa dette, *heres meus damnas esto liberare Stichum*, des auteurs refusent de croire qu'il y ait lieu ici à une acceptilation et ils appliquent la loi 21 § 1 *de pactis* d'après laquelle le pacte *de non petendo* fait par l'esclave resterait sans effet; seulement le maître de l'esclave actionné pourrait se servir de l'exception de dol contre l'héritier du testateur. Pour nous, il nous semble que c'est se montrer trop rigoureux, et puisque la formule: « heres meus » damnas esto non petere.... » était en général assimilée à celle-ci. « heres meus damnas esto » acceptum ferre » nous ne voyons pas pourquoi l'assimilation ne s'étendrait pas même au cas où le legs est fait à un esclave. — Si la condition de celui-ci devait empêcher l'acceptilation, ce devait être avec l'une et l'autre des formules employées (l. 25 *pr. de lib. leg.*).

Nous venons d'étudier les effets du legs de libération suivant les personnes auxquelles il s'adresse.

Quels sont maintenant ses effets d'après les choses mêmes qui font l'objet du legs?

Le legs de libération pouvait porter sur la totalité ou sur une fraction seulement de la créance (l. 6, *de lib. leg.*). — Qu'arrivait-il si le testateur au lieu de léguer une portion de ce qui lui était dû, léguait plus qu'il ne lui était dû réellement? le legs était valable jusqu'à concurrence de la valeur réelle de la dette, Il est évident en effet que le testateur qui a tenu son débiteur quitte d'une dette de vingt quand celui-ci ne devait en réalité que dix, a voulu à plus forte raison le libérer d'une dette plus petite de moitié.

Supposons enfin que l'objet du legs soit l'une de deux choses dues sous une alternative; par exemple le créancier qui a stipulé *Stichus* ou *dix*, ordonne à son héritier de ne pas demander *Stichus*. Quel sera l'effet de ce legs? D'après les principes qui régissent l'obligation alternative, le paiement qu'aurait fait le débiteur en livrant *Stichus*, l'aurait entièrement libéré de la dette; or le testateur en défendant à son héritier de réclamer *Stichus* doit être considéré comme ayant reçu l'esclave, ce qui entraînera la libération complète du débiteur. — Aussi ce dernier pourra agir *ex testamento* contre l'héritier et se faire consentir une acceptilation. (loi 7, § 1 *de liber. leg.*).

SECTION V

DU PACTE DE NON PETENDO IMPOSÉ A LA MINORITÉ PAR LA MAJORITÉ DES CRÉANCIERS D'UN MÊME DÉBITEUR.

En principe, la majorité des créanciers ne peut imposer, en droit romain, une loi à la minorité. Voët nous en fournit la raison : « Quisque rei suæ, » nullus vero alienæ moderator ac arbiter creditur : » suo quidem at non alterius juri renuntiare potest, » et de suo, non alieno liberalis esse. » Nous allons étudier une exception à ce principe.

Lorsqu'une personne laissait à son décès une succession obérée, ses héritiers refusaient de faire adition ou s'éloignaient de l'hérédité. Alors les créanciers poursuivaient la vente des biens du défunt afin de se payer sur les deniers provenant de cette vente. C'était là ce qu'on appelait la *bonorum venditio*.

Les créanciers se faisaient d'abord envoyer en possession des biens du défunt par un décret du préteur ; puis ils nommaient un *magister* sorte de syndic préposé à la vente. Des affiches étaient apposées dans des lieux déterminés, annonçant le jour, le lieu, les conditions de la vente et la mention que les biens du défunt seraient adjugés au plus offrant et dernier enchérisseur.

L'acheteur du patrimoine, le *bonorum emptor*, pouvait poursuivre le payement de toutes les créances héréditaires, et demeurait soumis aux actions des créanciers dans la mesure du dividende promis. Il avait pour le tout l'exercice des actions du *defraudator* (Actions *fictice* et *Rutilienne*, Gaius com. IV § 36), sauf à agir *cum deductione*, si la personne qu'il poursuivait était en même temps créancière du défunt.

Les créanciers se trouvaiant donc réduits aux biens du défunt, et par conséquent lésés par son insolvabilité. De plus, ils étaient obligés de recourir à une liquidation, opération toujours hérissée de difficultés. D'autre part, cette vente des biens du défunt imprimait une tache à sa mémoire. Mourir insolvable, sans laisser un continuateur de sa personne, de ses biens et de ses dettes, était en effet la plus grande honte qui pût atteindre un citoyen romain. Les héritiers, eux aussi, étaient intéressés à sauver l'honneur du défunt, car la honte de son insolvabilité rejaillissait sur toute sa famille.

Il était donc avantageux pour les deux parties d'écarter la *bonorum venditio*. Que fallait-il pour cela? que les créanciers voulussent accorder à l'héritier la remise d'une fraction de la dette; celui-ci ne pouvait plus dès lors manquer d'accepter l'hérédité. Du même coup, la mémoire du défunt était sauvée du déshonneur, et l'intérêt des créanciers sauvegardé !

Si tous les créanciers consentaient à faire une certaine remise à l'héritier, sans difficulté leurs droits étaient restreints par la convention. Mais s'ils n'étaient pas d'accord sur la remise partielle à faire à l'héritier, alors on avait recours à l'autorité du préteur *qui decreto suo*, nous dit Ulpien, *majoris partis voluntatem sequebatur*.

Nous avons à voir maintenant comment se déterminait la majorité qui devait imposer une remise partielle à la minorité.

Première règle. — On s'attachait non pas au nombre des créanciers mais au montant de leurs créances. C'était afin d'éviter que dix ou vingt créanciers de petites sommes n'enchaînassent par leur vote des créanciers en nombre moins considérable, mais pour des sommes plus importantes. On ne donnait, en quelque sorte, à chaque créancier que la valeur de son intérêt. Au capital de la créance, on ajoutait les fruits naturels ou civils qui pouvaient être dûs, et qui servaient ainsi comme le capital lui-même à déterminer la majorité (l. 9, § 2, *de pactis*).

Deuxième règle. — Lorsque les créanciers se divisaient en deux partis représentant des sommes égales, c'était le parti où figurait le plus grand nombre de créanciers qui l'emportait (L. 8, *de pactis*).

Troisième règle.—S'il y avait égalité de sommes

dans les deux partis, et si les créanciers étaient divisés en nombres égaux, le préteur devait vider le différent en faisant prévaloir l'avis de ceux qui l'emportaient en dignité.

Quatrième règle. — S'il n'y avait pas lieu de prendre en considération l'avis des uns plutôt que celui des autres, le préteur adoptait l'avis le plus indulgent pour les héritiers; en un mot, il favorisait le pacte.

En résumé, c'était aux sommes que l'on s'attachait pour fixer la majorité. A égalité de sommes, on considérait le nombre des créanciers; s'ils étaient divisés en nombres égaux, on suivait l'opinion de ceux qui l'emportaient par leur position sociale, par la considération qui s'attachait à leur personne; et si cela se pouvait, on adoptait l'avis le plus favorable pour la mémoire du défunt.

En principe chaque créancier avait le droit de donner son suffrage; il comptait dans la masse pour la valeur de sa créance, et dans la majorité des créanciers, pour une tête.

Si une créance s'était divisée par succession ou autrement entre plusieurs personnes, chacune d'elles ayant une créance distincte, avait le droit de voter dans l'assemblée des créanciers et comptait pour une voix.

A l'inverse, si plusieurs créances s'étaient réunies par succession ou autrement sur la tête d'une seule personne, le titulaire de cette créance n'avait qu'un droit et quant à la somme due et quant à la personne.

Pouvait-il arriver qu'une même personne eut plusieurs voix; et réciproquement que plusieurs personnes n'eussent à elles toutes qu'un seul suffrage?

La réponse à la première question doit être affirmative. La loi 9 *de pactis* dit implicitement que si un seul et même individu chargé de plusieurs tutelles réclamait différentes sommes d'argent, il était juste qu'il eût autant de voix que de tutelles différentes.

Il fallait décider de même si la même personne se présentait à la délibération, tant en sa qualité de tuteur qu'en son nom personnel et comme créancière du défunt.

Le mandataire qui avait une créance pour son propre compte, jouissait également de deux suffrages car sa qualité de mandataire ne pouvait évidemment détruire son droit de créancier.

Il pouvait arriver au contraire que plusieurs personnes ayant des créances contre le débiteur n'eussent à elles toutes qu'un seul suffrage dans l'assemblée des créanciers : ainsi par exemple plusieurs *correi stipulandi* d'une même obligation. Il ne leur était dû, en effet, qu'une chose unique et une seule fois. S'ils ne pouvaient se mettre d'accord sur le parti à prendre, ou le préteur intervenait pour sanctionner le sentiment le plus conforme à leur intérêt, ou ils ne prenaient pas part au vote.

Si parmi les créanciers il se trouvait plusieurs tuteurs d'un même pupille, ils n'avaient aussi qu'une seule voix, car il y avait unité de dette; de plus il eût été injuste de subordonner le résultat de la délibération au fait qu'il y avait plusieurs tuteurs représentants d'un même pupille.

Paul ajoute que s'il y avait un seul tuteur, unité de dette et plusieurs pupilles, le tuteur n'avait qu'un suffrage, mais il en donne une raison qui n'est nullement plausible; ce n'est pas, comme il le prétend, parce que une personne ne peut jouer deux rôles à la fois, mais seulement parce que la dette est *une* et que le tuteur ne représente qu'un intérêt unique.

Les créanciers dont les droits étaient affectés de certaines modalités devaient-ils être convoqués à la délibération générale et y participer?

Il est bien évident que les créanciers à terme devaient y être appelés et admis, puisque le terme n'a d'autre effet que de suspendre l'exécution de bons droits et que d'ailleurs, s'ils eussent été tenus à l'écart, ils n'auraient pas été liés par le pacte, et auraient pu poursuivre l'héritier ayant pris qualité, pour l'intégralité de leurs créances.

Lors donc que le créancier avait été appelé à délibérer, le pacte était obligatoire, pour lui; mais alors l'héritier du débiteur conservait-il le bénéfice du terme?

Nous pensons qu'il le conservait. Il est vrai que lorsque la *venditio bonorum* avait lieu, les créan-

ciers pouvaient exiger immédiatement le payement
de leurs créances (c'est du moins ce que l'on peut
conclure du § 7 du commentaire IV de Gaius); mais
il faut remarquer que s'il en était ainsi, c'est que
la vente avait fait disparaître les biens du débiteur,
ce qui, selon les principes du droit, entraînait la
perte du terme. Ici, il en était tout autrement; le
gage des créanciers était consolidé, puisqu'ils pouvaient poursuivre l'héritier acceptant sur les biens
du défunt et sur ses biens personnels, dans la mesure du dividende qu'il s'était engagé à payer.

Ensuite, il n'aurait pas été juste de priver l'héritier du bénéfice du terme, et de procurer au créancier l'avantage de jouir des intérêts qui pouvaient
courir jusqu'à l'échéance. Et d'ailleurs ce délai permettait à l'héritier de donner un plus fort dividende.
En effet, le créancier à qui on paie immédiatement
ce qui lui est dû à terme profite de *l'interusurium*.
Or, si ces intérêts avaient été laissés aux mains de
l'héritier, il aurait pu donner aux créanciers un dividende plus considérable.

Mais que devons-nous décider quant au créanciers conditionnels?

Suivant les principes du droit, ils ne sont pas
créanciers, mais ils jouissent seulement de l'espérance de le devenir : *spes est tantum debitum iri*.
Cette espérance, ils la transmettent à leurs héritiers, mais il n'en est pas moins vrai que, tant que
la condition n'est pas accomplie ils ne peuvent procéder à aucun acte d'exécution. Aussi si l'on s'en

tenait aux principes, les créanciers conditionnels ne pourraient-ils prendre part au vote.

Mais une difficulté surgit ; si le créancier conditionnel n'a pas pris part à la formation du pacte, il pourra décliner les effets de ce pacte, lorsque la condition de son droit sera accomplie, et poursuivre l'héritier pour l'intégralité de sa créance. Que fallait-il donc faire ?

Nous croyons que l'héritier qui, par sa position indépendante, tenait dans ses mains le sort des créanciers, puisqu'il n'appartenait qu'à lui d'accepter ou de répudier la succession, pouvait mettre la masse des créanciers dans la nécessité d'admettre les créanciers conditionnels à la conclusion du pacte ou de le garantir contre l'action éventuelle de ces créanciers.

Nous avons à rechercher maintenant à qui pouvait être opposé le pacte *de parte debite non petendâ*.

Nous avons déjà dit que cette remise partielle de la dette était opposable aux créanciers dissidents lorsqu'ils étaient en minorité. Ulpien après avoir donné cette décision se demande si le pacte peut être invoqué contre les créanciers absents. Mais la difficulté ne lui paraît pas sérieuse, et il ne s'y arrête pas ; il suppose l'affirmative, et avec raison, car, puisque selon le rescrit de Marc-Aurèle, les dissidents sont tenus de se conformer au pacte, eux qui par tous les moyens ont empêché qu'il fut formé, il est juste de soumettre à ce pacte des créanciers qui n'ont montré qu'indifférence et mauvaise volonté (loi 10. *pr. de pact*).

Une question plus délicate était celle de savoir si le pacte était opposable aux créanciers ayant une cause légitime de préférence qui n'avaient pas assisté à la délibération. La qualité de leur créance semble leur donner droit à un payement intégral. Mais Ulpien résout la question de la manière suivante : « Et repeto, ante formam à divo Marco da- » tam ; divum Pium rescripsisse fiscum quoque, in » his casibus in quibus hypothecas non habet, et » cæteros privilegiarios, exemplum creditorum se » qui oportere. (l. 10 *pr. de pactis*). » Ainsi le jurisconsulte décide que le pacte ne nuit pas à ceux qui ont une hypothèque et ceux qui peuvent par une action spéciale se procurer *rem sibi obligatam*; Mais quant aux *privilegiarii*, c'est-à-dire ceux qui *personale privilegium inter creditores chirographarios habent*, ils doivent suivre le sort des créanciers présents. Le jurisconsulte Paul, au contraire, déclare qu'il serait injuste de ravir au créancier absent son gage ou son privilége en vertu du pacte de la majeure partie des créanciers présents. (l. 58, § 1, *mandati vel contrà*).

Plusieurs interprètes, et entre autres Noodt et Vinnius, ont prétendu concilier ces deux textes : le dernier auteur dit même : *Nulla est inter Ulpianum et Paulum pugna*, car aux yeux des deux jurisconsultes la créance serait réduite ; mais Ulpien seul le dit ; aux yeux des deux jurisconsultes, le privilége continuerait à garantir la créance ainsi diminuée, c'est ce qu'exprime Paul ; l'un et l'autre auteur n'a écrit qu'une partie de sa pensée ; les deux fragments se complètent loin de se contredire. Il nous semble pourtant que les termes employés par Ulpien indiquent assez l'existence d'une controverse ; ce jurisconsulte décide en s'appuyant sur le récit d'Antonin-le-Pieux ; Paul, au contraire, se fonde sur les principes, statue *ex ratione juris*, omettant le rescrit d'Antonin, soit qu'il l'ignore, soit qu'il l'oublie, soit qu'il le considère comme abrogé par la constitution postérieure de Marc-Aurèle. Telle est la doctrine de Cujas.

Une autre question naît de la loi 10 *de pactis*. Nous lisons dans ce texte que le fisc est tenu de subir la réduction imposée par le pacte, toutes les fois qu'il n'est pas créancier hypothécaire. Or la loi 46, § 3 *de jure fisci*, nous apprend que le fisc est toujours créancier hypothécaire : *fiscus semper habet jus pignoris*. Il y a donc antinomie entre ces deux textes : comment expliquer cette opposition ?

Le fisc a pour ses contrats et pour le recouvrement de l'impôt une hypothèque sur les biens de son débiteur, et cela indépendamment de toute convention.

Mais lorsqu'il est créancier parce qu'il a succédé à un particulier et acquis le droit de poursuivre les débiteurs de celui-ci, il est tantôt créancier hypothécaire, tantôt seulement créancier privilégié *inter chirographarios*.

Il s'agit maintenant de savoir quand le fisc sera simplement créancier chirographaire.

Quant aux droits acquis au *de cujus* avant l'époque où le fisc lui a succédé et que celui-ci a recueillis dans la succession, le fisc n'a pas d'hypothèque, il n'a que les garanties qui appartiennent au défunt (l. 6. D. liv. 49, tit. 14.)

Cependant son privilége ne lui fait pas défaut, il est payé par préférence aux créanciers chirographaires. Il en est ainsi à l'égard des créanciers antérieurs à l'ouverture de la succession.

Mais à l'égard des créances postérieurs, il a une hypothèque, car il ne s'agit plus de la situation qui existait au moment de l'ouverture de la succession, il s'agit de faits qui ont suivi et contre lesquels le fisc est protégé par l'hypothèque tacite. C'est en conséquence de ce même principe que l'hypothèque tacite garantirait aussi le recouvrement des créances acquises au fisc contre les débiteurs du *de cujus* et du chef de celui-ci, après l'ouverture de la succession. C'est en effet dans la personne du fisc que ce droit est né; il ne l'a pas recueilli tout formé dans les biens de son auteur. Ainsi les intérêts qui courent de plein droit au profit du fisc (l. 17, § 5 et 6 D. liv. 22. 1.) commencent à lui être acquis du jour de l'ouverture de la succession pour les créances antérieures à cette époque; à partir de leur naissance pour les créances postérieures, et une hypothèque tacite en garantit le payement.

En résumé, si l'on suppose que le fisc ait succédé

à l'un des créanciers de l'hérédité, il y aura privilége à son profit pour les créances acquises à son auteur, de son vivant. Pour ces créances le fisc subira la loi du pacte formé en son absence, tout en conservant le droit d'être payé par préférence jusqu'à concurrence du dividende fixé.

Nous devons remarquer en terminant que, en droit Romain, les créanciers hypotécaires avaient le droit de prendre part à la délibération du pacte de remise sans être déchus de leur droit de préférence. Mais leurs créances étaient réduites à un certain dividende qu'ils se faisaient payer par préférence sur les biens hypothéqués.

Toutefois il arrivait rarement qu'un créancier hypothécaire prit part à la délibération puisqu'il pouvait, en se tenant à l'écart conserver son hypothèque et agir pour l'intégralité de son droit (l. 10. pr. *de pactis* et l. 58 § 1. *mandati vel contrà.*

Nous avons vu à quelles personnes, autres que les créanciers présents on pouvait opposer le pacte *de parte debiti non petendâ* : demandons-nous maintenant quelles personnes autres que le débiteur avaient le droit de l'invoquer.

La question ne se posait que relativement aux fidéjusseurs et aux *mandatores pecuniæ credendæ.* Nous allons la résoudre en expliquant la loi 58 § 1. *mandati.*

Sempronius s'est constitué *mandator pecuniæ credendæ* de Mœvius dans l'intérêt de Titius. Titius étant mort, le préteur conformément à

l'opinion émise par la majorité des créanciers
décide que les héritiers sont dispensés de payer
une certaine partie des dettes. Dans ces circonstances, Sempronius, le *mandator*, actionné par le
créancier Mœvius, peut-il lui poposer, l'exception
pacti conventi que l'héritier du débiteur pourrait
lui opposer lui-même? Paul distingue : si le créancier présent a consenti au pacte sans aucune réserve, l'exception appartient à l'obligé accessoire. Si
le créancier était absent, le pacte ne lui nuit pas
en ce sens qu'il conserve le droit d'agir contre le
mandator et d'agir pour le tout sans craindre d'exception. Cette solution est motivée par cette considération que le créancier, s'il eut été présent,
aurait pu se réserver ses droits contre le garant du
défunt ; quand à l'objection consistant à dire,
qu'accorder l'exception au *mandator*, ce serait
servir les intérêts de l'héritier, et que la refuser,
ce serait lui nuire, le jurisconsulte la prévoit et
répond que le débiteur accessoire, après avoir payé
l'intégralité de la dette au créancier, pourra recourir par l'action *mandati* contre l'héritier, mais seulement pour partie, comme tout autre créancier.

Paul termine en faisant remarquer que le créancier qui a reçu un payement partiel de l'héritier,
ne peut demander le reste au *mandator* parce que,
en agissant ainsi, il a tacitement adhéré au pacte
sanctionné par le décret du préteur.

DROIT FRANÇAIS

DE LA REMISE DE LA DETTE

Nous diviserons l'explication de cette deuxième partie en six sections.

Dans la première section, nous examinerons ce que c'est que la remise de la dette et quel en est le caractère.

Dans la deuxième, en quelle forme la remise peut être faite, et comme elle peut être prouvée.

Dans la troisième, les effets qu'elle produit.

Dans la quatrième, la remise de la solidarité.

Dans la cinquième, la remise du cautionnement moyennant un prix.

Dans la sixième, la remise forcée, c'est à dire le concordat en matière de faillite.

SECTION PREMIÈRE

CE QUE C'EST QUE LA REMISE ET QUEL EN EST LE CARACTÈRE

La remise de la dette, ainsi que nous l'avons dit, au commencement de cette étude, est une espèce de renonciation ; c'est l'acte par lequel un créancier fait abandon au débiteur de son droit de créance. Cette définition est exacte, sans qu'il y ait lieu de distinguer si l'obligation est unilatérale ou réciproque.

La remise est expresse ou tacite ; elle est expresse, lorsque le débiteur a formellement exprimé son intention de renoncer à sa créance ; elle est tacite lorsque la loi ou le magistrat induisent la renonciation de certains faits qui ne peuvent s'expliquer que par une intention d'abdication de la part du créancier.

Qu'elle soit expresse ou tacite, la remise ne peut s'opérer que par le concours de deux volontés, celle du créancier qui renonce, et celle du débiteur qui accepte la renonciation.

Cette proposition qui nous paraît aujourd'hui

incontestable, au moins en ce qui concerne la remise expresse, a toutefois été contestée dans l'ancien droit. Barbeyrac, dans ses notes sur Puffen-
dorf, a prétendu que la remise s'opère immédiatement par le seul fait de la renonciation du créancier, sans qu'il soit nécessaire que le débiteur en ait
connaissance. La raison en est, suivant cet auteur,
» que de même que nous pouvons, par notre seule
» volonté, répudier et perdre le droit de domaine
» d'une chose corporelle qui nous appartient, de
» même nous pouvons, par notre seule volonté,
» répudier le droit de créance que nous avons
» contre notre débiteur; et comme il ne peut y
» avoir de dette sans un droit de créance au profit
» de celui envers qui elle est contractée, la répu-
» diation et l'abandon que le créancier fait de son
« droit de créance, entraîne nécessairement l'ex-
» tinction de la dette. » — Mais Pothier ne partage
pas cette opinion ; il fait remarquer qu'en supposant *un cas métaphysique*, un créancier qui aurait
une volonté absolue d'abdiquer son droit de
créance, pourrait, par sa seule volonté, l'éteindre ;
mais lorsqu'un créancier déclare qu'il fait remise
à son débiteur de sa dette, *ce n'est pas cette volonté
absolue d'abdiquer sa créance que l'on doit supposer en lui*, mais plutôt la volonté d'en faire don à
son débiteur. — Du reste, la pratique a toujours
suivi la doctrine de Pothier, et cela pour de justes
raisons ; oui le propriétaire peut abdiquer son droit
par sa seule volonté, et il doit en être ainsi pour

tous les droits réels, absolus ; dans ce cas, en effet, l'anéantissement du droit ne profite à personne, ou ne peut profiter à quelqu'un qu'avec son consentement. Pour les droits personnels, relatifs, au contraire, comme on ne peut imaginer de dessaisissement d'un côté, sans enrichissement de l'autre, il faut s'en tenir à la maxime romaine (1. 69 *de reg. juris*) *invito beneficium non datur*. — Ainsi, nous dirons que la remise n'est parfaite que par l'acceptation du débiteur. Cependant, un savant auteur, M. Larombière (t. III, art. 1285, n° 10. Obl.) enseigne la doctrine contraire en ce qui touche la remise tacite. La restitution par le créancier du titre original ou de la grosse du titre constitue, selon lui, un fait unilatéral d'abdication ou d'abandon absolu de son droit, *lequel, pour être efficace, n'a pas besoin d'être accepté*. — Nous répondrons avec M. Demolombe, que tel n'est pas le caractère de la renonciation que le créancier fait à son droit, même dans le cas d'une simple remise tacite ; ce n'est pas une abdication pure et simple, un abandon absolu, *pro derelicto* ; c'est une renonciation relative, faite *intuitu personæ, in favorem*. La remise quelle qu'en soit la forme, expresse ou tacite a toujours la même nature : l'une ne diffère de l'autre que par la manière dont se manifeste la commune volonté des parties. Si la remise expresse est conventionnelle, la remise tacite est donc aussi nécessairement conventionnelle ; seulement ici la convention est tacite.

Ajoutons que la remise exige l'intervention de la volonté du créancier et du débiteur, même lorsqu'elle s'opère par acte de dernière volonté : dans ce cas il faut, non plus le concours, mais la succession des deux volontés ; l'acceptation du légataire se manifestera par sa demande en délivrance du legs.

Du principe que la remise doit être acceptée par le débiteur, résultent deux conséquences importantes lorsqu'elle a lieu par acte entre vifs, à savoir : 1° le créancier peut retirer sa renonciation tant qu'elle n'a pas été acceptée par le débiteur ; 2° la renonciation même non retirée par le créancier doit être considérée comme non avenue, si le débiteur vient à mourir avant de l'avoir acceptée, de même que l'acceptation du débiteur serait tardive et devrait être considérée comme non avenue si elle n'avait lieu qu'après la mort du créancier : Ainsi un militaire sur le point d'entrer en campagne, charge un tiers de remettre à son débiteur le titre qui constate la dette, et il déclare qu'il en fait remise, s'il vient à trouver la mort dans un combat ; le créancier militaire est tué, la remise est-elle valable par l'accomplissement de la condition sous laquelle elle a été faite ? Non, la remise ne sera pas valable, si le débiteur ne l'a pas acceptée avant la mort du créancier, et par conséquent si le tiers intermédiaire n'a pas été chargé de lui restituer et ne lui a en effet restitué le billet qu'après la mort.

Nous venons d'établir que la remise de la dette ne peut être l'œuvre d'une seule volonté : nous avons dit qu'elle constitue une convention lorsqu'elle s'opère par acte entre vifs. Pour bien faire connaître le caractère de ce fait juridique il nous reste encore à voir quelles obligations il est susceptible d'éteindre et quelle est la nature de la convention qui résulte de l'accord de la volonté du créancier et du débiteur.

On peut dire que généralement toutes les obligations sont susceptibles d'éteindre par la remise, toutes celles du moins qui n'ayant trait qu'à l'intérêt privé du créancier, sont susceptibles d'une renonciation de sa part. Il faut cependant observer qu'en fait, la remise est surtout applicable à celles qui ont pour objet des sommes d'argent ou des objets mobiliers déterminés seulement quant à l'espèce, comme une dette de tant de mesures de blé. Si nous raisonnons sur une obligation ayant pour objet un corps certain, tel immeuble par exemple, comme dans notre droit la convention de donner est translative de propriété, le créancier qui renonce en faveur du débiteur au bénéfice de l'obligation, ne fait pas autre chose en réalité que lui rétrocéder la propriété qu'il avait acquise; d'où la conséquence que la partie qui s'est obligée à livrer la chose devra subir tous les droits réels, notamment les hypothèques légales et judiciaires nées pendant que durait la propriété intérimaire du créancier. En pareille hypothèse, donc, nous nous trouvons en présence , non point d'une remise de dette, mais d'une rétrocession de propriété; il y a seulement, accessoirement, remise de l'obligation de livrer dont était tenu le débiteur.

La remise de la dette n'est pas seulement applicable aux obligations unilatérales, mais aussi aux obligations qui résultent d'un contrat synallagmatique. Il faut même remarquer qu'en pareil cas, la remise de l'une des obligations entrainera souvent la remise de l'autre : elle constituera alors une dissolution du contrat par le consentement ou mieux le dissentiment mutuel des deux parties plutôt qu'une remise véritable : Mais ce n'est là qu'une question de fait et d'interprétation.

La renonciation du créancier à sa créance peut être faite par lui, soit purement et simplement, soit moyennant un avantage qu'il en retire : *aliquo dato*. Lorsque le créancier retire ainsi quelque avantage de sa renonciation, l'opération se rapproche plutôt de la dation en paiement ou de la novation, que de la remise proprement dite, et les règles de capacité applicables en pareil cas, sont celles qui régissent les actes à titre onéreux.

Mais la remise de la dette, *dans sa pureté*, comme le dit notre savant maître M. Colmet de Santerre, est un abandon gratuit de la créance : c'est une véritable libéralité; seulement cette libéralité n'est pas soumise aux règles sur la forme des donations entre vifs. Cela résulte en effet de ce que notre section ne rappelle pas ces règles, et de ce qu'elle autorise au contraire, dans les articles 1282 et 1285, des remises qui échappent entièrement aux règles sur la forme des donations.

La remise étant donc quant au fond, une véritable donation, doit être soumise aux règles sur la capacité de donner et de recevoir, sur le rapport et la réduction, sur l'irrévocabilité et la révocation des donations, règles dont nous lui ferons l'application dans les trois paragraphes suivants.

§ 1. De la capacité de faire ou de recevoir une remise.

En matière de libéralités, la capacité est la règle et l'incapacité l'exception ; tel est le principe posé par l'art. 902 du Code civil. L'exception n'existe qu'à la condition d'être formellement énoncée dans la loi. Donc en thèse générale nous dirons que tout créancier peut faire une remise de dette et que tout débiteur peut l'accepter, sauf les exceptions marquées par le législateur. Examinons celles qui se rapportent au droit de consentir une remise.

Plaçons-nous dans l'hypothèse où la remise contient une donation entre vifs. Le mineur créancier, sans distinguer, s'il est ou non émancipé, est incapable d'accorder une remise à son débiteur par convention (art. 903-904) sauf le cas exceptionnel où par contrat de mariage, il voudrait avantager son futur époux ; assisté des personnes dont le consentement est requis pour la validité du mariage, il peut donner et par suite dégager son futur époux de l'obligation qui existe à son profit (art. 1095-1398). Quel que soit le concours des formalités et des garanties, cet acte de libéralité reste interdit au tuteur du mineur non émancipé (art. 157) et au mineur émancipé même assisté de son curateur. (art. 484).

L'interdit judiciairement est inhabile à consentir une remise (art. 502). Dans le cas où elle est antérieure à l'interdiction on peut en obtenir l'annulation en prouvant qu'au moment où elle a été faite, la cause de l'interdiction existait notoirement (article 503). Les héritiers du créancier auront le droit de faire annuler la remise consentie dans un moment d'insanité d'esprit, en se fondant sur l'art. 901. malgré la disposition de l'art. 504, qui ne doit, selon nous, s'appliquer qu'aux actes à titre onéreux. Il est défendu (art. 509), aux diverses personnes investies par la loi d'un pouvoir de protection en faveur de l'interdit de libérer ses débiteurs au moyen d'une remise, à l'exception cependant du cas où l'on voudrait affranchir gratuitement un enfant de l'interdit de sa dette vis-à-vis de son père, soit à titre de constitution de dot, soit en avancement d'hoirie ; le conseil de famille de l'incapable tire alors de l'art. 511, le droit d'accorder au débiteur la remise de son engagement.

D'après la disposition contenue dans l'art. 39 de la loi du 30 juin 1838, est frappée d'une nullité relative la remise consentie par un créancier, dont l'interdiction n'a été ni prononcée ni provoquée, mais qui est enfermé dans un établissement d'aliénés ; mais l'annulation est ici facultative pour les juges qui peuvent refuser de la prononcer.

L'esprit de la loi et son texte exigent que les condamnés à une peine criminelle afflictive et infamante, et placés en conséquence en état d'interdiction légale (art. 29 Code pén.), ne puissent se procurer des adoucissements à leur peine ou se créer des moyens d'évasion, à l'aide de libéralités se traduisant en remises de dettes.

Les prodigues et les faibles d'esprit peuvent libérer gratuitement leur débiteur, avec l'assistance de leur conseil judiciaire ; mais seules, ces personnes nous semblent inhabiles à faire cet acte à titre gratuit qui constitue une aliénation (art. 499. 513.).

Les termes formés de l'art. 905 nous paraissent contenir pour la femme mariée non autorisée de son mari ou de justice, même séparée de biens, la prohibition d'abdiquer *animo donandi* au profit de son débiteur la créance mobilière qui pourrait lui appartenir.

Nous venons d'énumérer sommairement les cas dans lesquels il est défendu au créancier de remettre par convention le droit qui lui appartient ; nous devons maintenant indiquer brièvement en quelles circonstances il ne peut libérer son débiteur par une disposition testamentaire.

On doit reconnaître, en thèse générale, que les restrictions apportées à la faculté de disposer, sont ici moins nombreuses : ainsi le mineur, qui, âgé de moins de seize ans, est complétement incapable de laisser une libéralité par acte de dernière volonté, peut, du moins, dès qu'il a atteint cet âge, gratifier ainsi son débiteur en l'affranchissant de l'obligation, pourvu toutefois qu'il limite l'effet de sa générosité à la moitié des biens, dont, s'il eut été majeur, il aurait eu la libre disposition (art. 903, 904). De même la femme mariée, sans distinguer le régime matrimonial qui règle les rapports pécuniaires des époux, sans autorisation ni du mari ni de justice, a la faculté, par testament, de libérer son débiteur (art. 226).

Quant à la remise émanant d'un interdit judiciairement elle est sans valeur comme le testament qui la renferme. Si l'interdiction survenue après l'acte de dernière volonté le laisse intact, parce que la jouissance d'un droit survit à la suppression de son exercice, la libéralité contenue dans le testament de celui dont l'interdiction n'a été ni prononcée ni provoquée, peut cependant être anéantie sur la preuve de l'insanité d'esprit du disposant (art. 901). Nous ne voyons pas dans les art. 499 et 513 de prohibition qui empêche un créancier, pourvu d'un conseil judiciaire, de remettre une dette par testament.

7

Quant aux personnes frappées d'interdiction légale, il y a lieu de distinguer : pour les condamnés à une peine afflictive perpétuelle, non-seulement l'exercice, mais encore la jouissance du droit de tester leur est enlevée part l'art. 3 de la loi du 31 mai 1854 : pour les condamnés à une peine afflictive temporaire, en état d'interdiction légale mais sans l'aggravation résultant de la privation de certains droits, on débat vivement le point de savoir s'ils peuvent tester ; selon la solution adoptée, on devra dire que le créancier interdit légalement a ou non valablement légué au débiteur sa libération.

Arrivant à l'étude de la question sous sa face opposée, nous avons à grouper ici les nombreuses incapacités qui peuvent s'opposer à ce qu'un débiteur soit libéré gratuitement au moyen d'une remise. La règle générale c'est que, pour être affranchi de la dette à titre gratuit, le débiteur doit être au moins conçu, ou au moment de l'acceptation de l'offre du créancier, ou au moment du décès de celui-ci, selon que la libéralité résulte d'un acte entre vifs ou d'un testament; l'une ou l'autre disposition ne peuvent en outre avoir effet que si l'enfant débiteur naît viable (art. 906.) Lorsque l'obligé est un mineur non émancipé, la loi a déterminé à quelle condition son tuteur pourra accepter la remise qui lui sera faite: l'autorisation du conseil de famille, est nécessaire (art. 463) : S'il est émancipé, l'acceptation de la remise ne consti-

tuant pas en principe un acte de pure administration, il faudra au débiteur l'assistance de son curateur et l'autorisation du conseil de famille. (article 484.) Quant à celui qui, à raison de son état
habituel de démence, a été frappé d'interdiction
judiciaire, il est placé sur la même ligne que le
mineur non émancipé; pour lui donc la dette ne
sera éteinte que par l'acceptation du tuteur autorisé par le conseil de famille. Le débiteur pourvu
d'un conseil judiciaire parce qu'il est prodigue ou
faible d'esprit, est capable de recevoir seul une remise; cela résulte tout à la fois des termes restric-
tifs employés par la loi et surtout de son esprit.
Le condamné à une peine afflictive perpétuelle
étant privé par la loi du 31 mai 1854 du droit de
recueillir une libéralité, ne peut être gratifié par son
créancier de la libération de la dette; quant à celui
qui est frappé d'interdiction légale, nous pensons
que soit entre vifs, soit par testament, il peut valablement recevoir de son créancier la remise de
l'obligation. La femme débitrice, même lorsqu'elle
est mariée sous le régime où ses pouvoirs sont les
plus larges, n'est capable de recevoir une remise de
dette qu'avec l'autorisation de son mari, ou de
justice, autorisation que l'art. 217 déclare nécessaire pour les acquisitions à titre gratuit.

Il existe encore certaines incapacités relatives,
dérivant soit de circonstances déterminées, soit
d'une fonction actuelle ou passée; le créancier pourrait remettre l'obligation à un autre débiteur; l'o-

bligé pourrait recevoir cette libéralité d'un autre
créancier; mais dès qu'ils sont en présence l'un de
l'autre il y a prohibition. Ainsi le créancier, s'il est
mineur âgé de plus de seize ans, peut dans son testament remettre une dette à l'obligé, à moins que
celui-ci ne soit son tuteur, qui perdrait, de la
sorte, la capacité d'être libéré, au moyen d'une
remise, de son obligation vis-à-vis de son pupille. Devenu majeur, le créancier ne peut, par convention ou par testament, remettre la dette à son
ex-tuteur, tant que le compte de tutelle n'a pas été
rendu et apuré; l'obligé qui a été tuteur est inhabile à recevoir une telle libéralité; il en sera
ainsi, aux termes de l'art. 907, à moins que ce
double lien de créancier à débiteur et de pupille à
tuteur n'existe entre personnes qui descendent l'une
de l'autre. Remarquons que cette application à
notre matière de la prohibition contenue dans l'article précédemment cité, offre un très-grand intérêt, car si la libéralité eût été alors permise, elle
eût consisté le plus souvent dans une libération
gratuite que le tuteur se serait efforcé d'obtenir du
pupille et portant sur l'obligation de rendre compte.
Ainsi les docteurs en médecine ou en chirurgie, les
officiers de santé et les pharmaciens qui traitent
une personne pendant une maladie dont elle meurt,
ne pourraient profiter de la remise faite à leur
profit pendant le cours de cette maladie ; excepté le
cas où cette remise ne constituerait qu'une disposition rénumératoire à titre particulier, et sauf

encore le cas de parenté selon l'art. 909. La même décision aurait lieu à l'égard de la remise faite dans les mêmes circonstances au ministre du culte. Il est hors de doute que la remise accordée par une personne à son enfant incestueux ou adultérin, serait entachée de nullité; la loi, en ne leur accordant que des aliments, les déclare par là même inhabiles à recevoir au delà, de quelque manière que ce soit. Quant aux enfants naturels simples, ils ont un droit de succession *ab intestat*, qui sert aussi de limite aux libéralités que leurs auteurs voudraient leur adresser, soit par donation, soit par testament; ainsi la remise faite à titre gratuit par les parents naturels à leur enfant débiteur tombe sous l'application de l'art. 908.

§ 2. *Application à la remise des règles sur le rapport et la réduction.*

Nous devons distinguer, en ce qui concerne le rapport, entre la remise faite par convention et celle qui résulte d'un testament. Quand un créancier, de son vivant, libère gratuitement son débiteur par une remise expresse ou tacite, il y a donation toujours égale au montant de la dette; mais il y a aussi extinction de l'engagement, et par suite tous les accessoires de l'obligation, tels que les cautions, les priviléges et hypothèques disparaissent avec elle, seulement le donateur s'oblige à rapporter la somme s'il devient héritier du donateur ; il y a là un lien de droit nouveau, éventuel, sans aucune des garanties de l'ancienne créance ; cette dette substituée, pour ainsi dire, à l'engagement primitif, produira des intérêts d'après l'art. 856, à compter du jour de l'ouverture de la succession ; ce rapport devra se faire en moins prenant, en vertu des art. 868, 869. Si ce mode de rapporter était impossible, en l'absence de tout autre bien laissé par le donateur, les cohéritiers du donataire devraient agir contre lui, en se fondant, non sur la créance primitive qui n'existe plus, mais sur l'obligation nouvelle née conditionnellement après la libération de la dette originaire, et obtenir ainsi le partage de l'unique valeur de la succession.

Lorsque, au contraire, la libération est contenue dans un testament, si le débiteur est héritier du testateur, on peut dire qu'il n'existe pas à proprement parler de rapport, car le légataire n'a encore rien reçu, et il ne peut réclamer le legs d'après l'art. 843 ; dans le cas où cette créance constituerait tout l'actif de la succession, nous pensons qu'à la différence de ce qui aurait lieu pour une remise conventionnelle, les cohéritiers du débiteur pourraient faire valoir contre lui la créance qui n'est pas éteinte, avec ses avantages particuliers.

Quand un créancier, dans son testament, lègue à son héritier débiteur sa libération, s'il veut que cette libéralité lui reste par préciput et hors part, il doit s'en expliquer formellement. Il doit en doit en être de même pour la remise conventionnelle.

Appliquons maintenant à la remise de la dette les règles posées par la loi en matière de réduction. — Nous n'avons pas à exposer ici les limites imposées par la loi à la faculté de disposer à titre gratuit; nous ne pouvons non plus énumérer les personnes au profit de qui ces restrictions ont été établies. Le législateur a réglé ces divers points dans les art. 913 et 915, 1094 et 1098. Nous avons seulement à voir ce qui arrive dans le cas d'une remise excédant la quotité disponible, les personnes qui souffrent alors de la réduction, comment on estime cette libéralité dans le calcul de la réserve, et enfin dans quel ordre s'exerce l'action en réduction.

La réserve est une portion de la succession *ab intestat* : c'est la fraction de biens que le *de cujus* n'a pu ni donner, ni léguer; c'est donc celle pour laquelle il est nécessairement mort *ab intestat*. Dès lors, à l'égard des valeurs non disponibles dont il a disposé, il faut raisonner comme si en réalité il n'en avait pas disposé. Soit donc une remise d'une dette de 40,000 francs; la réserve est de moitié, c'est-à-dire de 20,000; quant à ces 20,000 francs, c'est-à-dire quant à la moitié de la créance, elle est à considérer comme n'étant pas sortie du patrimoine du créancier; elle y est restée telle qu'elle était avec toutes les qualités qui la caractérisaient, par exemple, les garanties qui en assuraient le payement; les héritiers réservataires peuvent donc l'intenter et invoquer les garanties dont elle était munie. Il n'y a pas à objecter que *à priori* on ne pouvait savoir si la remise entamait ou non la réserve : un droit existe évidemment, lors même que l'on en ignore l'existence.

A plus forte raison faudra-t-il décider dans le cas d'une remise excessive renfermée dans un testament, qu'une partie de l'obligation seulement sera détruite, et que ce qui existe au profit des héritiers réservataires, ce n'est pas une créance nouvelle, mais une fraction de l'ancienne créance. Ce résultat s'explique facilement : en effet, en même temps que le débiteur est affranchi, la réserve est abstractivement déterminée, sauf l'intervalle nécessaire en pratique pour connaitre ce qui en droit existe déjà.

Demandons-nous maintenant quelles sont les personnes qui souffrent de la réduction dans le cas d'une remise excessive. Après ce que nous venons de dire, la question ne peut pas offrir de difficultés : soit que la remise ait été léguée, soit qu'elle se trouve contenue dans un testament, le débiteur souffrira évidemment de la réduction; mais à côté de lui en souffriront aussi, par exemple : les cautions, les codébiteurs solidaires, celui qui aurait donné une hypothèque; sans réduction, en effet, ces divers intéressés eussent été complétement libérés; mais comme l'effet de la réduction consiste à limiter l'extinction de la dette, c'est une fraction de celle-ci qui survit avec toutes les garanties accessoires qu'elle pouvait offrir.

Comment évaluera-t-on, dans le calcul de la réserve, l'espèce d'avantage qui nous occupe? Devra-t-on s'attacher à la valeur nominale d'après le titre, ou à la valeur réelle en raison de l'état de fortune de tous ceux qui peuvent être contraints au payement? — Dans le calcul de la quotité disponible, c'est à la valeur *réelle* de la créance qu'il faut évidemment s'attacher, quand le défunt n'en a pas disposé, ou s'il l'a léguée à tout autre qu'au débiteur; mais lorsqu'il a fait remise de la dette à l'obligé, ou s'il lui laisse sa libération dans son testament, on devra considérer la valeur *nominale* : « Il est clair, en effet, dit M. Demolombe, que le » débiteur, devant se payer par ses propres mains, » doit être considéré comme solvable. C'est ce que » Ulpien exprimait fort bien en ces termes : *quum* » *debitori liberatio relinquitur, ipse sibi solvendo* » *videtur, et quod ad se attinet, dives est.* (L. 82, » *D. ad. leg. falcid.* L. 22, § 3, *eod.*) » Tant qu'il ne s'agit que de régler les rapports très-simples qui existent entre l'héritier réservataire et le débiteur légataire, la difficulté n'apparait pas. Exemple : un créancier meurt laissant un fils, et pour unique fortune une créance de 400; par testament, il lègue au débiteur sa libération. Si le débiteur est entièrement solvable ou complétement insolvable, nulle difficulté : au premier cas, le fils, héritier réservataire pour moitié, reste créancier pour 200; le legs de libération se borne quant à son effet à 200; au second cas, le dénûment du débiteur rend le droit du fils illusoire. Si, dans la même hypothèse, le débiteur ne peut payer que 200, la masse héréditaire ne sera pas moins considérée comme s'élevant à 400; le fils, en sa qualité de réservataire de moitié, reste créancier de 200; le débiteur est affranchi jusqu'à concurrence de 300; mais il devra payer les 200, limite de ses forces, tandis que si on s'en était tenu à la valeur réelle, la réserve n'eût été que de 100. La solution sera la même si nous supposons une remise conventionnelle.

Mais nous allons nous trouver en présence d'une difficulté délicate si nous faisons intervenir un autre légataire ou un donataire. Le créancier meurt sans autre fortune que sa créance de 400; il lègue au débiteur sa libération, à Jacques 400; on comprend encore ici qu'il est facile de régler ces diverses prétentions, lorsque le débiteur est ou largement solvable ou sans aucune solvabilité; dans un cas, le réservataire reste comme tel creancier de 300 ; le débiteur est libéré jusqu'à concurrence de 100 ; pour les 100 restants, il les doit encore, mais c'est le légataire Jacques qui doit en bénéficier; au second cas, nul ne tire avantage de son droit. Mais si le débiteur peut payer 200, que décider ? L'enfant, vis-à-vis du débiteur, sur une masse de 400, a droit à une réserve de 200 que le débiteur devra payer, en étant dégagé pour le reste ; vis-à-vis de Jacques, la masse est de 300, par conséquent la reserve de 100, et ainsi Jacques touchera 100, montant quant à lui de la quotité dispossible. Que l'on se place enfin dans le cas d'un débiteur libéré gratuitement par le créancier, de son vivant, en ajoutant que celui-ci avait antérieurement donné à Jacques un immeuble de 200. Si le débiteur est solvable, à l'époque du décès, la masse fictivement composée sera de 600, par suite la réserve de 300, que le débiteur solvable devra fournir à l'enfant, comme ayant recueilli la dernière libéralité; si le débiteur est insolvable, la masse se réduit à 200, la réserve à 100 et Jacques la fournira; si en dernier lieu, le débiteur peut payer 200, l'enfant aura le droit de dire à ce débiteur, ma réserve est de 300, payez-moi tout ce qu'il vous est possible de payer, c'est-à-dire 200; mais de son côté Jacques serait bien fondé dans sa résistance à la prétention du fils réclamant de lui le surplus, en lui répondant : « à mon égard la masse héréditaire est de 400, la réserve de 200 vous l'avez, vous ne pouvez donc rien me demander en outre. »

On le voit, dans l'hypothèse qui précède, nous arrivons à la règle suivante : entre le débiteur légataire ou donataire, et l'héritier réservataire, la créance s'évalue d'après son chiffre nominal; entre le réservataire et les autres donataires ou légataires, on ne doit s'attacher qu'à la valeur réelle. Dans la pratique il y aura lieu, il est vrai, à un double calcul; mais cette double composition de la masse est indispensable pour sauvegarder les droits|de tous, en évitant de sacrifier l'intérêt des uns à celui des autres.

En ce qui concerne l'ordre à suivre dans la réduction de la remise de la dette, il y a une distinction
notable à faire suivant que la libération résulte
d'une convention ou d'un legs. Quand le débiteur
a été gratuitement libéré à la suite d'une convention conclue avec le créancier, il n'est passible
de l'action en réduction qu'autant que toutes les
dispositions testamentaires étant caduques, l'a-
vantage qui lui est procuré, dépasse encore la
quotité disponible. Dans le cas enfin où plusieurs
donations entre vifs seraient émanées du défunt,
l'héritier ne pourrait agir contre le débiteur libéré
que s'il n'avait pu compléter sa réserve en exer-
çant la réduction contre tous les donataires plus
récents. Pour le legs de libération il subira, comme,
toutes les libéralités contenues dans le testament,
une réduction faite au marc le franc, sauf le cas où
de testateur aurait expressément déclaré que le legs
devrait être acquitté de préférence.

§ 3. *Application à la remise des règles sur l'irrévo-*
cabilité et la révocation des donations.

La remise conventionnelle de la dette étant quant
au fond une donation, est, à ce titre, soumise aux
règles établies par la loi dans le but d'imposer au
donateur un dépouillement actuel et irrévocable,

règles qui, nous le savons, se résument dans la maxime *donner et retenir ne vaut.* — La remise supposant une dette préexistante dont la libération est en quelque sorte le bien donné, on ne pourra voir habituellement dans cet acte juridique que la donation d'un bien présent et en conséquence valable. Il en sera ainsi toutes les fois que la créance apparaîtra, fut-elle même subordonnée à une condition ; celle-ci, en effet, peut diminuer la valeur du bien présent, mais ne saurait en supprimer l'existence actuelle. Mais si quelqu'un, dans la prévision que telle personne serait un jour sa débitrice par succession, pour citer un exemple, lui faisait remise de cette dette future, la convention serait entachée de nullité, comme renfermant la donation d'un bien à venir (art. 943). De même la remise subordonnée à une condition purement potestative de la part du créancier, serait nulle aux termes de l'art. 944, ce qui n'aurait pas lieu, d'après l'art. 1170, en l'absence du caractère de libéralité qu'offre cet abandon. Il ne serait nullement douteux en présence de l'art. 946, que dans le cas où le créancier, en libérant son débiteur, se serait réservé le droit d'exiger une portion de la dette, il resterait créancier jusqu'à concurrence de cette somme, et ses héritiers auraient le droit de la réclamer, quand même leur auteur ne l'aurait pas fait.

Le créancier qui gratifie son débiteur en le libérant, a la faculté de stipuler le droit de retour, dans les limites tracées par l'art. 951. A l'égard du débiteur, ou mieux de ses héritiers, l'effet de l'évènement de la condition prévue, sera de permettre au créancier d'agir en vertu de son ancien droit qui revit ; car la révocation de la donation consiste précisément dans la suppression de la libération. Si le débiteur ainsi libéré avait fourni une caution, le créancier pourrait-il la poursuivre, lorsque la condition du retour conventionnel serait réalisée? Nous pensons que le créancier agira valablement contre la caution, soit que l'on envisage la libération comme effectuée immédiatement sauf résolution, soit qu'on la considère comme subordonnée à l'événement de la condition. Dans cette dernière interprétation il ne peut y avoir de doute : le débiteur principal n'était dégagé que *sub conditione*, pourquoi en serait-il autrement de l'obligé accessoire ? Mais dans la première interpellation, il semble qu'on fasse revivre l'ancienne créance, résultat qui peu paraître contestable, en présence de l'art. 2038. Cependant, même alors nous persistons dans cette solution : car la libération étant rétroactivement résolue, il est conforme aux principes d'effacer toute les conséquences qu'elle avait produites même à l'égard des tiers.

Examinons maintenant quelles sont les causes spéciales qui peuvent entrainer la révocation de la libération que le créancier a accordée à son débiteur, et parcourons d'abord les cas dans lesquels cette révocation est introduite au profit du donateur.

Lorsque le débiteur affranchi de l'obligation

n'exécute pas les conditions sous lesquelles il a été libéré (art. 954), lorsqu'il se rend coupable d'ingratitude vis-à-vis du créancier en accomplissant un des actes que prévoit l'art. 955, lorsqu'enfin un enfant survient à celui qui était créancier dans la situation prévue par l'art. 960, dans ces trois cas, la remise de la dette sera révoquée : Pothier, au n° 151 du *Traité des donations entre vifs*, admet la révocation de la remise pour cause de survenance d'enfants, solution qu'il faut évidemment étendre à tous les autres cas.

En ce qui touche l'effet de la révocation à l'égard des cautions, des codébiteurs etc..., nous n'avons qu'à nous référer à ce que nous avons dit en matière de retour conventionnel ; nous pensons toutefois que, dans le cas d'ingratitude du débiteur, lui seul souffrira de la révocation, et non pas les cautions ou autres intéressés à l'extinction de la dette ; les art. 957 et 958, aussi bien que les précédents historiques, révèlent la nature toute particulière de l'action en révocation pour cause d'ingratitude : elle n'a pas pour fondement, comme l'a fait observer Pothier, une clause tacite de résolution que l'on supposerait insérée dans le contrat de donation ; c'est plutôt une peine qu'une révocation ; or les peines ne doivent atteindre que les coupables ; elles ne peuvent frapper ceux qui sont restés étrangers au délit d'ingratitude.

Pour arriver enfin à la véritable dérogation au principe de l'irrévocabilité des donations, nous devons remarquer que la remise sera essentiellement révocable au gré du donateur, c'est-à-dire du créancier, toutes les fois qu'à raison du mariage qui l'unissait au débiteur, on peut dire qu'elle constitue une donation entre époux. L'art. 1096 pose une règle générale, qui comprend, par conséquent l'abandon gratuit d'une obligation ; la révocation résultera alors de tout acte qui, émanant du donateur, sera fait en qualité de créancier et manifestera ainsi, de sa part, l'intention de rentrer dans la jouissance du droit auquel il avait renoncé.

Arrivons à la révocation de la libération introduite au profit des tiers. — On sait que lorsqu'un débiteur a fait un acte en fraude de ses créanciers, ceux-ci ont une action contre celui qui a traité avec leur débiteur ; cette action a pour fondement, lorsqu'il s'agit d'actes à titres onéreux, la complicité de fraude chez celui qui a contracté, ou simplement le gain qu'il fait, lorque nous sommes en présence d'actes à titre gratuit. Il est facile de concevoir l'application de cette doctrine à la remise de la dette faite par un débiteur en fraude de ses créanciers ; entre le débiteur affranchi de l'engagement, et le *fraudator*, tout à la fois créancier vis-à-vis de celui avec lequel il pactise, et débiteur vis-à-vis de ceux qu'il fraude, la remise reste valable, l'obligation demeure éteinte avec tous ses accessoires ; seulement, à raison de la fraude du débiteur et du bénéfice que recueille celui qui est dégagé de l'obligation, les créanciers, armés de l'art. 1167, ont le droit, *proprio nomine*, de poursuivre le dernier comme s'il n'était pas libéré. Il importe de faire observer que la remise n'étant pas considérée comme non avenue, on ne devra pas dire ici que tous ceux qui étaient intéressés à l'extinction de l'obligation sont encore tenus; nous pensons qu'il y aura lieu de distinguer entre eux, selon que la libération leur procure ou non un profit; au premier cas, par exemple pour un codébiteur solidaire, l'action Paulienne nous semble recevable, tandis qu'elle ne le serait pas, au second cas, par exemple contre une caution dont on ne peut rigoureusement dire qu'elle tire un profit de la remise.

En ce qui concerne la remise faite par testament nous ne rencontrons pas l'action dont nous venons de parler, car les créanciers du testateur n'ont pas à poursuivre des légataires avant lesquels ils doivent être payés, en vertu de la maxime *nemo liberalis nisi liberatus*; solution admise par la jurisprudence comme le prouvent un arrêt de la Cour de Grenoble du 21 juin 1841 (Sir. 42, 2, 355) et un arrêt de la cour de Rouen du 16 juillet 1844 (Sir, 45, 2. 360). Quant aux causes de révocation émanant du créancier lui-même, il résulte de la nature même de la disposition que jusqu'à la mort, le testateur a pleine liberté pour changer de volonté et effacer la libéralité : ainsi aujourd'hui encore, de même qu'à l'époque de Justinien, si de son vivant, le créancier se fait payer, il détruit par là l'objet même du legs qui se trouve en conséquence révoqué.

SECTION II

EN QUELLE FORME LA REMISE PEUT ÊTRE FAITE ET COMMENT ELLE PEUT ÊTRE PROUVÉE

La convention de remise, nous le savons déjà, est expresse ou tacite. Elle est expresse lorsque par un acte quelconque, le créancier déclare qu'il fait remise de la dette, ou qu'il la tient pour acquittée, ou qu'il en donne quittance quoiqu'il n'ait pas reçu le payement. Nous disons : par un acte quelconque ; en effet, nous avons vu plus haut que la remise n'est pas assujettie aux formes solennelles que l'art. 931 exige pour les donations entre-vifs.

Elle peut donc être prouvée par acte sous seing-privé, aussi bien que par acte authentique. Elle peut aussi être faite par une simple déclaration verbale ; mais alors, si l'objet de la convention excède la somme ou valeur de cent cinquante francs, le débiteur plus tard actionné, n'aura que la ressource du serment ou de l'aveu, à moins qu'il ne lui ait pas été possible de se procurer une preuve littérale, ou qu'il n'ait un commencement de preuve par écrit, ou enfin qu'il s'agisse d'une dette commerciale.

La convention de remise est tacite, lorsqu'elle résulte de faits qui impliquent de la part du créancier, la renonciation à sa créance, au profit du débiteur. Quels sont ces faits ? Le législateur n'a pas essayé d'en donner l'énumération ; il laisse aux magistrats le soin d'apprécier si les circonstances de l'affaire impliquent de la part du créancier une intention de remise. — Cependant, il établit deux présomptions de libération, l'une dans l'art. 1282, l'autre dans l'art, 1283. La première présomption n'admet pas la preuve contraire; elle est, comme on dit dans la doctrine, *juris et de jure ;* tandis que la seconde admet la preuve contraire : elle est *juris tantum.*

Examinons successivement ces deux présomptions.

PREMIÈRE PRÉSOMPTION. — Aux termes de l'article 1282 « la remise volontaire du titre original « sous signature privée par le créancier au débiteur, fait preuve de la libération. »—Le fait connu, c'est que le créancier a rendu volontairement au débiteur le titre unique qui formait dans ses mains la seule preuve de sa créance; le fait inconnu, c'est l'intention du créancier, c'est ce qu'il a voulu, en rendant ce titre au débiteur. Le législateur lui-même épargnant au juge tout examen, décide que l'intention du créancier a été de faire remise de la dette. — Cette présomption est très-juste et très-équitable : quelle autre intention, en effet, présumer chez le créancier, lorsqu'il se désarme ainsi absolument en s'enlevant tout moyen de prouver sa créance? Aussi, cette présomption a-t-elle toujours été admise, soit par les jurisconsultes Romains

soit par les jurisconsultes français : Paul dit en effet (l. 2 p. 1, D. *de pact.*) « Si debitori meo cautio-
« nem reddiderim, videtur inter nos convenisse ne
« peterem ; et Pothier (Obl. n° 608) si le créancier
« a rendu au débiteur son billet, ou le brevet d'obli-
« gation, il est présumé lui avoir remis la dette. »
— Mais à quelles conditions la restitution du billet
établira-t-elle la libération ? Il faut, pour que la libération soit justifiée, le concours des quatre conditions suivantes :

Première condition. — La restitution doit être
volontaire.—Cette première condition est de la plus
complète évidence. Si donc le débiteur a obtenu la
possession matérielle du titre par erreur, violence
ou dol, les juges ne devront pas admettre la libération du débiteur. On peut supposer que celui-ci
était le commis ou le facteur du créancier ; qu'il a
assisté en une qualité quelconque à un inventaire
ou à une levée de scellés qui avait lieu chez lui, et
qu'il en a abusé pour s'emparer du titre ; ou bien
qu'il a trouvé ce titre que le créancier avait perdu.
La réponse devrait être semblable dans le cas même
où ce serait le créancier qui lui aurait livré la possession du titre, si cette tradition n'avait pas été
volontaire, ou si même ayant été volontaire, elle
n'avait pas eu lieu dans l'intention de lui faire
remise de la dette ; par exemple : un incendie éclate
dans la maison du créancier, et celui-ci confie son
titre au débiteur pour qu'il le sauve et le mette en
sûreté ; ou encore, le débiteur à qui le créancier

présente le titre pour être payé, en demande communication, et quand le créancier l'a mis entre ses mains pour qu'il en prenne connaissance, il objecte la possession qu'il a du titre, et se prétend libéré. — Dans tous ces cas, il est d'évidence que le débiteur n'est pas libéré (M. Larombière.)

Nous verrons plus loin à qui incombe la charge de prouver que la remise a été ou non volontaire.

Deuxième condition. — Il faut en second lieu que la restitution faite par le créancier au débiteur soit celle du titre original, c'est-à-dire du seul titre qui formait, dans ses mains, la preuve de sa créance. S'il existait deux exemplaires du titre et que le créancier n'en ait livré qu'un au débiteur, il n'y a pas de remise de la dette. Il en serait de même dans le cas où il existerait trois ou quatre exemplaires, si le créancier en avait gardé même un seul après avoir livré tous les autres; en effet il aurait toujours son titre. A plus forte raison, l'art. 1282 ne serait-il pas applicable, si au lieu du titre original, le créancier n'avait livré au débiteur qu'une copie de ce titre; ou même si c'était un titre récognitif ou confirmatif que le créancier eût livré au débiteur, à moins pourtant que le titre dont le débiteur serait en possession ne fût un titre nouvel destiné a remplacer le titre orignal et qui formait désormais dans les mains du créancier la seule preuve de son droit (MM. Demolombe et Larombière). — Il est inutile de dire que l'on ne doit pas considérer comme des titres orignaux, dans le sens de l'art, 1288 les simples factures ou autres mémoires ou états détaillés de fournitures ou de dettes diverses qui sont livrés par le créancier ou débiteur. Ces sortes de pièces, en effet, n'étant pas signées par le prétendu débiteur ne forment pas un titre contre lui, et en conséquence le créancier ou celui qui se prétend tel, ne s'est nullement dessaisi, en les lui livrant, du moyen de prouver sa créance.

Que faudrait-il décider dans le cas où le titre volontairement livré au débiteur serait un acte rédigé en brevet, c'est-à-dire, dont le notaire a gardé minute? Le Code ne s'explique pas sur ce point, et cependant Pothier avait prévu ce cas ainsi que nous l'avons vu dans la citation ci-dessus. — Avec Pothier nous pensons que le brevet doit être mis sur la même ligne que le billet sous seing privé. En livrant l'original notarié le créancier ne se dépouille-t-il pas tout aussi complètement de son titre qu'en se dessaisissant de l'original sous seing privé ? Si l'abandon est le même dans l'un et l'autre cas, la présomption de libération qui en résulte ne doit-elle pas être identique?

Troisième condition. — C'est par le créancier que le titre doit avoir été rendu au débiteur, ou du moins par une personne ayant pouvoir pour le lui rendre en son nom. La tradition qui lui en serait faite par un tiers sans mandat du créancier, ne saurait donc former en sa faveur une preuve de libération.

Quatrième condition. — Enfin il faut en quatrième lieu, que la restitution du titre ait été faite au débiteur, soit à lui même, soit à une personne ayant qualité pour la recevoir en son nom. Voici une application de cette règle ; un billet à été souscrit par une maison de banque qui compte plusieurs associés solidaires; le créancier porteur du billet le remet à l'un des associés à titre de don personnel et particulier. La remise du billet fait-elle preuve de la libération dans cette hypothèse ? Nullement puisque ce n'est pas entre les mains du véritable débiteur, la maison de banque, que le créancier s'est dessaisi du titre qui constatait sa créance. — On voit combien la présomption légale de l'art. 1282 perd ici de sa force.

DEUXIÈME PRÉSOMPTION. — La seconde présomption que la loi établit en cette matière est écrite dans l'art. 1283 en ces termes : « La remise volon» taire de la grosse du titre fait présumer la remise » de la dette ou le payement, sans préjudice de la » preuve contraire. » — Le créancier était muni d'une grosse, c'est-à-dire d'une première expédition revêtue de la formule exécutoire qui l'autorisait à employer *de plano*, les voies de contrainte. En restituant cette grosse à son débiteur il s'est enlevé le droit d'exercer une contrainte contre lui et d'obtenir l'exécution forcée de l'obligation; la loi voit dans ce fait une renonciation du créancier à son droit. — Il va sans dire, du reste, que cette présomption n'existe qu'avec le concours des quatre conditions auxquelles la présomption de l'art. 1282 est subordonnée. Il faut donc que la restitution ait été faite 1º par le créancier, 2º volontairement, 3º au débiteur, 4º de la grosse du titre.

La disposition de notre article n'a été insérée dans le code qu'après de vives discussions. La commission chargée par le gouvernement, d'un projet de Code, pensait, d'après notre ancien droit, que bien que la grosse du titre se trouvât entre les mains du débiteur, il n'en résultait pas une présomption suffisante du payement ou de la remise de la dette, à moins que d'autres circonstances ne vinssent concourir; car la minute qui demeure chez le notaire et qui n'est pas quittancée, réclame en faveur du créancier à qui la grosse a pu être volée, ou qui se fiant à la minute, a pu s'en dessaisir et la confier au débiteur. — Au sein du conseil d'État on reconnut que de la remise de la grosse résultait une présomption de libération; mais on admit la preuve contraire; et ce fut avec raison assurément, car la présomption qui résulte de la grosse ne peut avoir la même force que celle résultant de la remise du titre original : en effet la minute de l'acte restant, le créancier peut moyennant certaines formalités se procurer une seconde grosse (art. 844 proc).

Ainsi donc, alors même qu'il a été démontré que la remise de la grosse a été volontaire, le créancier peut prouver qu'il n'a pas eu l'intention de remettre la dette : par exemple, qu'il a abandonné la grosse au débiteur pour l'étudier. Nous savons au contraire, que dans le cas de restitution volontaire du titre original, il y a présomption *juris et de jure*, de libération.

En résumé, sur cette matière, les auteurs du Code civil ont abandonné le système suivi par Pothier : Ce jurisconsulte ne voyait dans la remise du titre original qu'une présomption *juris tantum* de libération : nos législateurs y ont vu au contraire une présomption *juris et de jure*; dans la remise de la grosse, Pothier ne voyait qu'une présomption imparfaite; eux, en suivant la progression, ont créé une présomption légale.

Nous devons maintenant nous demander si la restitution de la grosse d'un jugement de condamnation fait aussi présumer la remise de la dette dans les termes de l'art. 1283. — Nous avouons que la généralité des termes de notre article ne paraît comporter aucune distinction entre la grosse d'un acte notarié, et celle d'un jugement de condamnation. Aussi pendant très-longtemps personne ne s'est posé cette question; ce n'est que récemment que M. Larombière et M. Demolombe l'ont discutée, et l'ont résolue affirmativement.

Cependant M. Lehmann, dans un savant article publié dans la *Revue pratique* (tome IX, page 508), l'a tranchée dans un sens complétement opposé, et avec raison, selon nous. Voici, en résumé, comment ce savant jurisconsulte a établi son système. — La présomption de l'art. 1283, en ce qui concerne

la grosse d'un acte authentique, repose sur la difficulté pour le créancier de se procurer une nouvelle
grosse. Il est, en effet, défendu au notaire d'en
délivrer une seconde sans y être autorisé par le
juge, et la permission du juge n'est accordée que
sur la preuve que la dernière grosse s'est égarée
et que la créance n'est pas éteinte. C'est pour cela
que jusqu'à la preuve du contraire, la loi présume
la libération du débiteur. Les mêmes motifs qui
justifient la présomption de l'art. 1283, s'appli-
quent-ils à la grosse d'un jugement tout aussi bien
qu'à celle d'un acte notarié? A ne consulter que le
Code de procédure, il semble que les raisons de
décider soient absolument les mêmes, attendu que
l'art. 854 soumet la délivrance des secondes grosses
de jugements aux mêmes formalités que la délivrance des secondes grosses d'actes notariés. —
On devrait donc être tenté de décider que si les
difficultés sont les mêmes, les bases de la présomption légale étant identiques, la présomption doit
être aussi puissante dans un cas que dans l'autre. —
Ce raisonnement serait inattaquable si la législation consacrée par les art. 845 et 854 avait déjà
existé lors de la rédaction de l'art. 1283. Nous devons donc nous demander si, avant la rédaction du
Code procédure, si déjà, en 1804, la délivrance des
grosses de toute nature était soumise aux rigoureuses dispositions dont nous venons de parler. Or,
à l'époque de la rédaction du Code civil, la délivrance des secondes grosses d'actes notariés était

en vertu d'une législation déjà très-ancienne entra-
vée par les plus sérieuses difficultés; la loi du
26 ventôse an XI sur le notariat, reproduisant dans
son art. 26 la disposition de l'ordonnance de Vil-
lers-Cotterets, porte : « *Il ne peut être délivré d'au-*
» *tre grosse à peine de destitution sans une ordon-*
» *nance du président, laquelle jointe à la minute.* »
Mais en était-il de même des grosses de jugements,
et trouvons-nous à leur égard une base semblable
sur laquelle nous puissions asseoir la présomption
de l'art. 1283? Non. En effet, la disposition de
l'art. 854 du Code de procédure n'était pas univer-
sellement admise en France; plusieurs provinces
s'écartaient de cet usage, ainsi que cela résulte de
la discussion du conseil d'État; et cet usage, lors
même qu'il aurait été plus répandu, n'aurait pas
suffi pour offrir un fondement à la présomption
de l'art. 1283; il aurait fallu une loi générale ou
tout au moins un usage universel pour que les
motifs applicables aux actes notariés pussent être
étendus aux jugements. Cette loi n'existait pas, cet
usage universel n'existait pas davantage; rien donc
ne permet de croire que les rédacteurs de l'art. 1283
aient songé à embrasser dans les termes de leur
disposition ces deux genres d'actes essentiellement
différents. Loin de là, M. Bigot Préameneu, dans
l'exposé des motifs, en a exclu formellement toute
idée de jugement lorsqu'il dit : « S'il s'agit d'une
» obligation passée devant notaire, la grosse du
» titre est, sous plusieurs rapports, considérée dans

» la main du créancier comme le titre original, » et le tribun Jaubert n'est pas moins explicite en parlant d'*obligation contractée par un acte public.* Enfin, ajoutons que les rédacteurs du Code de procédure semblent avoir voulu réserver le mot de *grosse* pour les seuls actes notariés, quoique dans la pratique on l'applique tout aussi bien aux premières expéditions de jugements. Pour s'en convaincre, on n'a qu'à lire l'art. 854 et à le comparer à l'art. 844. — N'est-il pas permis de conclure de là que l'art. 1283, lui aussi, n'a entendu parler que des grosses d'actes notariés ?

Nous venons d'étudier les deux présomptions écrites dans les art. 1282 et 1283; nous avons vu que la restitution volontaire du titre original ou de la grosse, effectuée dans de certaines conditions, fait tantôt preuve de la libération, et tantôt la fait seulement présumer. Mais ici s'élève une question délicate : à laquelle des deux parties doit-être imposée l'obligation de prouver que ces conditions ont été remplies ? Un débiteur est en possession du titre original de la créance ou de la grosse du titre; est-ce à lui de prouver que le titre lui a été restitué volontairement par le créancier ? Est-ce au contraire au créancier de prouver que la possession du titre par le débiteur ne provient pas d'une restitution volontaire qu'il luien aurait faite ? Cette question est très-controversée. Dans une première opinion on soutient que la preuve de l'abandon volontaire du titre incombe au débiteur. On ne doit en effet présumer que ce qui est dans l'état ordinaire des choses; or il n'est pas dans l'état ordinaire des choses que le créancier renonce au titre qui constate son droit contre le débiteur. De plus, aux termes de l'art. 1315 c'est à celui qui se prétend libéré de justifier le payement ou le fait qui a produit l'extinction de son obligation. Or d'après l'art. 1282, l'extinction de l'obligation résulte non pas de la simple possession de l'acte par le débiteur, mais bien da la restitution qui lui a été faite volontairement par le créancier. Donc il ne suffit pas au débiteur de prouver qu'il possède l'acte; il faut qu'il prouve que c'est par le créancier que cet acte lui a été volontairement rendu. — Cette première opinion parait inattaquable et néanmoins elle n'est pas admissible à cause des conséquences qu'elle entraîne ; En établissant la présomption qu'elle attache au fait de l'abandon du titre, la loi a voulu évidemment dispenser les parties de la nécessité de dresser un écrit pour prouver la remise de la dette; or si l'on oblige le débiteur à prouver que la restitution a été volontaire, il devra demander au créancier la preuve écrite de ce fait. Mais alors, s'il faut dresser un écrit, les parties ne manqueront jamais d'y relater la mention expresse de la remise; la libération résultera, non plus de la restitution volontaire du titre par le créancier, mais de l'acte écrit qui la constatera; la présomption de la loi n'aura plus aucune utilité ! D'ailleurs cette opinion s'appuie sur la tradition (c'était en effet l'avis de

Pothier) et sur les travaux préparatoires : « cette
» preuve, disait M. Bigot Préameneu, ne doit pas
» être à la charge du débiteur, parce que la remise
» du titre étant un moyen naturel et usité de se
» libérer, il faut pour écarter ce moyen, prouver
» qu'il n'existe par réellement, et que la remise n'est
» pas volontaire. » (En ce sens, Duranton, Larombière, Colmet de Santerre, Demolombe.)

Ainsi, selon nous, la possession de l'acte par le
débiteur, fait présumer la libération. — Toute fois,
une différence essentielle existe entre cette présomption, et celle que la loi attache au fait de la
remise volontaire. Cette dernière est une présomption légale, obligatoire pour le juge ; la première
au contraire est facultative, abandonnée à l'appréciation des tribunaux, qui peuvent l'admettre ou
la rejetter. Cette doctrine se trouve confirmée par
un grand nombre de décisions judiciaires, et notamment par deux arrêts de la Cour de cassation
du 17 mars 1869, et du 11 février 1873. Ce dernier
est ainsi motivé : attendu qu'il « ressort des termes
» même de l'art. 1282. Code civ. que la preuve de
» la libération du débiteur ne saurait s'induire que
» de la remise volontaire du titre original sous
» signatures privées à lui faite par le créancier, et
» non de la simple détention de ce titre ; — que si
» la possession du titre peut, le plus souvent, faire
» supposer la remise volontaire, le Code n'a pas
» érigé en règle cette présomption, et que son silence
» laisse aux tribunaux la faculté de le décider d'a-

» près les circonstances particulières de la cause ;
» attendu que l'arrêt attaqué déclare qu'il n'est
» pas justifiée des circonstances dans lesquelles
» D... serait devenu détenteur du titre qu'il repré-
» sente et qu'il n'est pas juridiquement établi que
» la remise volontaire en ait été faite au débiteur
» par le créancier ; que la nature des relations
» ayant existé entre M. et D. laisse planer le plus
» grand doute sur ce point, et que, par suite, les
» réclamations de D. ne peuvent être accueillies ;
» qu'en basant ainsi sa décision sur l'appréciation
» des faits qui lui étaient soumis, la Cour de Caen,
» loin de violer l'art. 1282 en a fait au contraire une
» juste application ; » — rejette. — On le voit, d'a-
près la Cour suprême, pour que les juges du fond
puisseut refuser légitimement de reconnaître dans
le fait de la possession de l'acte, une présomption
de restitution volontaire, il suffit que les relations
des parties fassent naître un doute sur ce point.
C'est l'opinion de Boiceau, opinion qui consistait à
dire que la qualité de la personne peut affaiblir la
présomption résultant de la possession du titre
et que, dans certains cas, il incombera au débiteur
de prouver que c'est réellement le créancier qui lui
a fait la remise libératoire. — A plus forte raison
faudra-t-il réserver au créancier le droit de prouver
que le débiteur n'a obtenu la possession du titre
que par vol, par suite d'une délivrance entachée
d'erreur de violence ou de dol, ou par suite d'un
abus de confiance de la part d'un tiers, dépositaire

ou mandataire. Dans tous ces cas, le créancier pourra établir sa preuve par toute sorte de moyens (art. 1348 et 1353).

Mais, ne l'oublions pas, si nous admettons le créancier à prouver que la remise de l'acte n'a pas été volontaire, nous ne pouvons lui reconnaître le droit de prouver, lorsqu'il s'agit d'un titre original, qu'en le restituant volontairement au débiteur, il n'a pas eu l'intention de lui remettre la dette. Les termes de l'art. 1282, « la remise du titre original par le créancier au débiteur *fait preuve de la libération* », excluent manifestement cette preuve. — Si cependant il alléguait qu'il n'a délivré le titre que sous condition de restitution, par exemple, par suite d'une convention de dépôt ou de mandat conclue avec le débiteur ou son auteur, il serait recevable à administrer la preuve de cette allégation, mais seulement à l'aide des moyens autorisés par la loi pour établir l'existence des conventions, et alors, ce qu'il devrait prouver d'abord et directement, ce serait la convention de dépôt ou de mandat. — Lors même qu'il ne pourrait administrer cette dernière preuve, il pourrait au moins faire interroger le débiteur pour obtenir son aveu, ou lui déférer le serment sur le point de savoir si la tradition du titre n'a pas eu lieu dans une autre intention que celle de le libérer, à titre du dépôt ou de mandat. Cette solution nous paraît résulter nécessairement de l'art. 1352 qui dispose que : « nulle preuve n'est admise contre la pré-

» somption de la loi, lorsque, sur le fondement de
» cette présomption elle annule certains actes ou
» dénie l'action en justice, à moins qu'elle n'ait
» réservé la preuve contraire, et sauf ce qui sera
» dit sur le serment et l'aveu judiciaire. » L'article 1282 nous paraît être une application de l'article 1352. — D'ailleurs, le débiteur ne pas se plaindre d'être lui-même constitué juge de cette question toute d'intérêt privé, entre le créancier et lui (Aubry et Rau.).

Le débiteur, nous le supposons. est en possession de l'acte sous-signatures privées, ou de la grosse du titre qui constate sa créance. Il est par conséquent déchargé de la dette. Mais à quel titre peut-il se dire libéré? peut-il prétendre à son choix qu'il a payé, ou qu'il a été libéré à titre gratuit? — Remarquons bien qu'il ne manquera jamais d'invoquer comme mode de libération, le payement ; et cela afin d'échapper au rapport, à la réduction, à la révocation, à l'application des règles sur la capacité do disposer et de recevoir par donations entre vifs, dans les cas où il y aurait lieu. — Revenons à notre question, le débiteur a-t-il le droit de choisir le mode de libératiou qu'il prétend invoquer?

Etudions d'abord l'hypothèse de l'article 1282.

Cet article dispose que la remise volontaire du titre original sous-signature privée par le créancier au débiteur, *fait preuve de la libération.* Mais il ne dit pas à quel titre. L'art. 1283 ne s'explique pas plus clairement en disant que la remise de la grosse

                                        9

fait présumer la remise de la dette ou le payement. En sorte que la question reste entière. — Nous pensons que le débiteur peut, suivant son intérêt, prétendre qu'il a payé ou qu'il a été libéré à titre gratuit. Telle nous paraît être la conséquence de cette libération que le texte lui accorde dans les termes les plus absolus et dans le sens le plus large. — En l'absence de toute déclaration de la part du débiteur ou des tiers qui auraient à se prévaloir de la libération, quel est le mode qui devra être présumé par les juges? Ce sera le payement; 1° parce que le payement est le mode naturel et ordinaire d'extinction des obligations, et qu'il forme la règle en cette matière, tandis qu'il en est autrement de la remise qui n'est qu'un mode exceptionnel et bien plus rare. « Quand il est certain, dit Marcadé, qu'une personne devait, et qu'elle ne doit plus, on doit à défaut de tout renseignement sur la cause de sa libération, supposer qu'elle a payé, et non pas que le créancier l'a gratifiée de l'objet de la dette; l'habitude commune des créanciers, n'est certes pas de faire cadeau de ce qu'on leur doit. » 2° Parce que le doute, s'il y en avait, devrait être interprété en faveur du débiteur (art. 1162); 3° enfin, parce que la présomption de payement sera aussi, le plus souvent, dans la pratique, conforme à la réalité des faits. Très-souvent, en effet, le créancier recevant son payement du débiteur se borne à lui rendre son titre pout éviter de rédiger une quittance.

Mais le créancier peut-il être admis à prouver

contrairement aux prétentions du débiteur à qui le titre original a été volontairement restitué, qu'il n'y a pas eu de payement, mais une simple remise, sans payement aucun? Cette question est très-vivement controversée. M. Larombière (t. III. p. 508) admet l'affirmative. Voici comment il s'exprime : « que le débiteur en possession du titre ori-
» ginal qui constate la créance, prétende que quant
» à lui il n'a plus rien à établir, que sa preuve se
» trouve toute faite, et qu'il en résulte sa libéra-
» tion par voie de payement, cette conséquence
» est la seule que l'on puisse tirer des dispositions
» de l'art. 1282. Mais de ce que l'une des parties
» a en mains sa preuve toute formée, il ne s'en suit
» pas que l'autre ne puisse prouver le contraire.
» Il en résulte logiquement, tout au plus, qu'elle
» est dans la nécessité de combattre par une preuve
» contraire, la preuve qui du côté de son adversaire
» est déjà toute faite. Le créancier qui a remis le
» titre de la créance, peut donc être admis à prou-
» ver qu'au lieu d'un payement allégué par le dé-
» biteur, il n'y a qu'une simple remise. » (Dans le même sens : Duranton, Marcadé, Dalloz oblig., Massé et Vergé.) — Pour nous, il nous est impossible d'admettre cette opinion : nous la repoussons avec MM. Colmet de Santerre, Aubry et Rau, Demolombe : nous dirons avec ce dernier, que cette doctrine méconnaît le texte même de l'art. 1282. Cet article, en effet, établit au profit du débiteur une présomption légale de libération, qui dans les

cas auxquels elle s'aplique n'admet certainement
pas la preuve contraire. Or à quels cas cette présomption légale s'applique-t-elle? nous l'avons dit,
elle s'applique d'une manière pour ainsi dire,
alternative au choix du débiteur, à l'un ou à
l'autre des deux modes de libération, soit du payement, soit à la remise. Donc, quel que soit celui de
ces deux modes de libération que le débiteur invoque, il est protégé par une présomption légale
exclusive de toute preuve contraire! C'est la libération du manière absolue, dons le sens le plus large de ce mot, que l'art. 1282 présume. Et par conséquent le créancier n'est pas plus recevable à
contester contre le débiteur le mode de libération
qu'il invoque, que la libération elle-même. (*Traité
des contrats* t. v. n° 437).

Cependant il faut reconnaître que la preuve d'une
libération gratuite serait admissible dans tous les
cas où il s'agirait de fraude à la personne ou de
fraude à la loi, quand bien même le titre remis
contiendrait un pour acquit, pour quittance; le
créancier pourrait prouver la simple remise qu'il
allègue, par témoins ou par présomptions; la fraude
en effet fait exception à toutes les règles, et les pro-
hibitions que la loi a décrétées seraient vaines, s'il
était permis de s'y soustraire par des moyens dé-
tournés et par des subterfuges.

Le débiteur à qui le créancier a rendu la grosse
du titre, peut, d'après les termes mêmes de notre
article, invoquer sa libération à titre de payement

ou à titre gratuit. Mais ici, de l'avis de tous les interprètes, le créancier pourra prouver contrairement à l'allégation du débiteur qu'il n'y a pas eu payement, mais en réalité une libération gratuite. En effet, il pourrait prouver par tous les moyens, que s'il a volontairement restitué la grosse du titre, il n'a pas eu l'intention de libérer le débiteur. Donc, il peut, à fortiori, prouver que la présomption légale que le débiteur invoque, ne le protége que relativement à un certain mode de libération et qu'elle a eu lieu, non point par suite d'un payement, tuit.

mais seulement par suite d'une remise à titre gra-

Les présomptions des art. 1282 et 1283 ont-elles quelque influence dans les rapports entre le débiteur qu'elles couvrent, et les tiers contre lesquels ce débiteur pourrait avoir à exercer un recours ? Par exemple un débiteur est en possession du titre original qui constate sa dette et il est prouvé que le créancier le lui a remis volontairement ; actionné, ce débiteur invoque la présomption de l'art. 1282 et prétend qu'il a payé ; pourra-t-il en s'appuyant sur la présomption de l'art. 1282 exercer un recours contre ses codébiteurs solidaires, sans qu'il ait besoin de fournir la preuve d'un payement effectif ?

Il semblerait, au premier abord, assez naturel d'admettre dans les rapports du débiteur avec les tiers, la présomption que l'art. 1282 établit entre le créancier et le débiteur. Aussi M. Larombière (t. III p. 593), n'hésite-t-il pas à autoriser le recours contre

les codébiteurs solidaires, et il donne la même décision pour la caution qui peut aussi recourir contre
le débiteur principal, « sauf à ce dernier à établir au
contraire qu'il y a eu de la part du créancier, une
simple remise ou décharge qui dans son intention
devait lui profiter comme à la caution. » — Nous
ne pouvons admettre cette solution : les présomptions des art. 1283 et 1284 ont été créées pour servir
de preuve entre deux personnes, le créancier et le
débiteur qui a reçu la restitution du titre ; étendre
ces présomptions aux rapports du débiteur avec ses
codébiteurs solidaires, ce n'est pas autre chose,
selon nous, que créer de toutes pièces une présomption légale. — Mais, nous dira-t-on, comment peut-
il se faire que le débiteur qui est présumé libéré
par un payement envers le créancier, puisse n'être
pas présumé libéré de la même manière à l'égard
de ceux contre lesquels il peut avoir à exercer un
recours ? Nous répondrons que dans la science du
droit, les vérités ne sont pas toujours absolues :
souvent, au contraire, elles sont relatives, et c'est
particulièrement en ce qui concerne les présomptions légales, que la justesse de cette observation
est incontestable : l'autorité de la chose jugée en
offre un frappant exemple (art. 1351). Nous oblige-
rons donc le débiteur solidaire, libéré par application des art. 1282 et 1283, qui voudra recourir
contre ses codébiteurs la caution qui voudra recourir contre le débiteur principal, à fournir la preuve
d'un payement effectif. Ils sont demandeurs, ils

affirment, donc c'est à eux de prouver : *actori incumbit probatio.*

Les faits indiqués dans les art. 1282 et 1283 sont les seuls desquels résulte une présomption légale de libération. Si donc, après un jugement de condamnation, je remets à mon débiteur le titre original en exécution duquel il a été rendu, il n'y aura pas présomption en sa faveur : en effet, le jugement est mon titre définitif, le seul dont désormais j'aie à me prévaloir; en me dessaisissant du titre original, je ne me mets nullement dans l'impossibilité d'agir. De même, la remise d'une simple expédition, fut-elle la première tirée de l'acte notarié, ne ferait présumer ni le payement ni la remise de la dette, car, le créancier pouvant en lever tant que bon lui semble, il n'a pas de motifs pour en refuser la livraison. — Le Code, en suivant Pothier son guide constant qui lui-même empruntait sa décision à la loi 3 *de pactis* au Digeste, a dénié au fait de la restitution de la chose donnée en nantissement, la puissance d'entraîner une présomption de libération (art. 1286). De ce que le créancier, en effet, rend au débiteur le meuble qu'il avait reçu en gage, ou l'immeuble qui lui avait été livré à titre d'antichrèse (art. 2072), on peut induire qu'il renonce à la garantie qu'il avait d'abord exigée; mais il est clair qu'on n'a pas le droit d'en conclure qu'il renonce à sa créance elle-même. Il faudrait décider ainsi pour le cas où la créancier accorderait mainlevée de son hypothèque. Il n'y a là qu'une application de la règle que le principal peut exister indépendamment de l'accessoire : la remise de l'un n'entraîne pas la remise de l'autre. Remarquons toutefois que si la présomption légale fait défaut, il existe pourtant alors une circonstance pouvant conduire ou du moins servir d'élément à ces présomptions de l'homme, abandonnées aux lumières et à la prudence des juges, dans les termes de l'art. 1353. Ceci nous conduit à dire quelques mots de ces cas de remise tacite.

Nous connaissons l'espèce fameuse de la loi Procula, et le concours des circonstances diverses que Papinien exigeait pour qu'on pût en induire la remise ; sous l'empire du Code, rien ne s'oppose à ce que les juges admettent une semblable présomption, mais rien aussi ne leur en fait une loi. En présence de faits analogues, ils peuvent refuser d'induire la libération, tandis que, en l'absence de certains d'entre eux, il dépend de leur conscience seulement de déclarer l'existence de la remise ; les tribunaux, en un mot, sont les souverains appréciateurs. C'est ainsi que la cour de Caen (3 mai 1826) a pu induire la remise du silence gardé toute sa vie par le créancier, et de quittances, relatives à d'autres dettes, par lui données sans réserve. De même encore les magistrats pourront voir dans le fait d'une quittance d'arrérages délivrée sans réserve, une circonstance qui fait présumer la remise d'arrérages antérieurs, sans toutefois qu'on envisage comme règle la décision romaine (L. 3. Code *de apoch.*), d'après laquelle il suffisait de représenter les quittances des contributions publiques pour trois années consécutives, pour être censé avoir acquitté les exercices précédents. Nous pouvons citer à ce propos l'art. 1908, en faisant observer qu'il établit, non une présomption de remise, mais de payement. Dans un ordre d'idées différent, il n'est pas sans intérêt de citer un arrêt de la cour d'Agen du 14 juin 1837, décidant que le fils créancier de son père, qui, lors d'un acte de partage fait par celui-ci de tous ses biens entre ses enfants, n'élève aucune réclamation et renonce même à son hypothèque sur des immeubles échus à ses frères, est censé avoir abandonné sa créance. A l'aide, soit des lois romaines, soit de nos anciens auteurs, soit des recueils d'arrêts; il serait facile de citer bien d'autres cas où, en fait, on a présumé le payement ou la remise de l'obligation; mais nous éviterons une semblable énumération qui n'offre aucun intérêt théorique, puisque la décision dépend toujours de l'appréciation du fait et jamais de l'examen ou de l'interprétation de la loi.

SECTION III

DES EFFETS DE LA REMISE DE LA DETTE

L'effet direct de la remise de la dette, est l'extinction même de l'obligation; et cet effet extinctif et libératoire dérive bien entendu de la remise tacite comme de la remise expresse. Indirectement, les priviléges et hypothèques qui garantissaient la dette, s'éteignent avec elle. On ne peut, en effet, remettre l'obligation sans remettre en même temps les priviléges et hypothèques droits accessoires qui ne subsistent qu'en s'appuyant sur une créance. Tels sont les effets bien simples de la remise, lorsqu'il n'y a qu'un seul créancier et qu'un seul débiteur.

Mais si nous supposons que l'obligation est solidaire ou indivisible, ou bien qu'elle est garantie par une ou plusieurs cautions, quels effets produira la remise consentie par l'un des créanciers? quels effets produira la remise accordée à l'un des débiteurs principaux ou accessoires? Ce sont là des questions plus difficiles à résoudre. Pour les trancher, nous aurons à nous placer successivement dans l'hypothèse d'une remise expresse et d'une remise tacite.

§ 1. *Des effets de la remise expresse.*

Quand il y a solidarité entre plusieurs créanciers, chacun d'eux étant créancier pour le total, pouvait, d'après Pothier, faire remise de la dette au débiteur et le libérer envers tous ; comparant la remise de la dette à l'acceptilation Romaine, il en reproduisait le principe : *acceptilatione unius solvitur obligatio*; de même que le payement du total fait à l'un des créanciers solidaires libère le débiteur envers tous, de même la remise du total, qui tient lieu de paye- ment, faite par l'un des créanciers, doit le libérer envers tous. Au contraire, les rédacteurs du code ont déclaré dans l'art. 1198, que la remise qui n'est faite que par l'un des créanciers solidaires, ne libère le débiteur que pour la part de ce créancier. Qu'on n'objecte point contre cette théorie de la loi, qu'il sera facile au créancier solidaire, de faire remise au débiteur pour le tout, en lui donnant quittance comme s'il avait reçu le payement : l'autre créan- cier solidaire sera admis à établir que le payement ne fait que déguiser une remise totale, et cela par tous les moyens de preuve ; il aura intérêt à faire cette démonstration, que le bénéfice de l'obligation soit ou non partageable entre les créanciers soli- daires. Supposons, en effet, que le bénéfice étant partageable, le créancier est insolvable, tandis que le débiteur est solvable ; en face d'un payement du total, le créancier solidaire ne peut s'adresser à ce dernier, ce qui lui est permis au cas d'une remise totale, qui, nulle pour partie, laisse subsister la créance dans une certaine mesure ; si, au contraire, le bénéfice de l'obligation n'est point partageable, le créancier solidaire a encore un intérêt exactement semblable, et cela, sans qu'on ait même à opposer l'état de fortune du débiteur à celui du créancier ayant en apparence reçu un payement.

Si dans l'obligation indivisible, chacun des créanciers peut exiger la chose entière, ce n'est pas
comme dans l'obligation solidaire, par une qualité
inhérente à la personne qui serait vraiment créancière *in totum et totaliter*, mais seulement par la
qualité de la chose qui n'est pas susceptible de parties : aussi Pothier déniait à l'un des créanciers
d'une dette indivisible, le droit de faire remise en
entier de la dette, droit qu'il accordait à l'un des
créanciers solidaires. Le code a suivi la doctrine de
Pothier : dans l'art. 1224, il nous apprend que l'un
des créanciers d'une chose indivisible ne peut seul
faire la remise de la totalité de la dette ; toutefois
une telle remise ne sera pas entièrement privée d'effet : elle vaudra pour la part du créancier qui l'a
accordée, mais de manière à ne porter aucune atteinte aux droits de l'autre créancier. Celui-ci
pourra demander au débiteur la chose entière, en
lui offrant, toutefois, de lui faire raison de l'estimation de la part qu'avait dans la chose, le créancier
qui a accordé la remise. Ainsi, Paul s'est obligé envers Pierre et Jacques, à leur construire une maison
sur leur fonds. Pierre fait à Paul remise de sa part.
On estimera ce que peut valoir au profit des deux
créanciers, l'obligation contractée par Paul envers
eux, de construire la maison, et si par exemple,
cette estimation est de 30,000 francs, la part de chacun d'eux représentant 15,000 francs, Jacques devra rembourser à Paul une somme égale. Mais il
faut ajouter que le créancier ne sera tenu de faire

compte de la portion de son co-créancier qui a fait la remise, que lorsqu'il profitera de cette portion. Si donc, nous supposons que Paul s'est obligé à établir sur son fonds, une servitude de passage au profit d'un fonds appartenant par indivis à Pierre et à Jacques, et que Pierre ait fait remise de son droit à Paul, Jacques pourra demander l'établissement de la servitude de passage, sans être obligé de payer au débiteur, un prix, comme représentant la part de son cocréancier ; car ici il ne profite pas de la remise ; le passage qu'il réclame ne sera, en effet, pas autre pour lui, ni meilleur, après la remise, qu'il n'eut été avant.

Nous venons de dire que dans notre première hypothèse, le créancier qui n'a pas remis sa part, pourra demander au débiteur la chose entière, en offrant un remboursement : il ne suffirait pas en effet au débiteur d'offrir au créancier, l'estimation de sa part dans la chose due ; il est bien évident que le créancier n'a pu être privé de son droit par le fait de son cocréancier ou du débiteur ; or le droit qui lui appartient, c'est de demander l'exécution de l'obligation. Telle est du reste la doctrine de Pothier qui dit pour une espèce analogue : « .... Cet héritier, est créancier de la chose même ; et son cohéritier, en faisant remise de son droit, n'a pu préjudicier à celui de cet héritier. » (Nº 328. obl.)

Voyons maintenant si la remise expresse faite à un débiteur, profitera aux autres personnes intéressées à l'extinction de la dette.

D'après Pothier, « la décharge expresse accordée
» à l'un de plusieurs codébiteurs solidaires, libére-
» rait aussi les autres, s'il paraissait que le créan-
» cier a voulu éteindre la dette pour le tout. S'il
» paraissait que l'intention du créancier a été seu-
» lement d'éteindre la dette quant à la part pour
» laquelle celui à qui il en a fait remise en était
» tenu vis-à-vis de ses codébiteurs, et de déchar-
» ger du surplus la personne de ce débiteur; la
» dette ne laisserait pas de subsister pour le sur-
» plus, dans les personne. de ses codébiteurs. »
D'où il résultait que dans le doute, la remise n'é-
tait que partielle.

Mais les rédacteurs du Code ont abandonné ce
système, et d'après le texte d'Ulpien : « si ex plu-
» ribus obligatis uni accepto feratur, cœteri quo-
» que liberantur », (l. 16 *D. de accept.*) ils ont ainsi
rédigé l'art. 1285 : « la remise ou décharge conventionnelle au profit de l'un des codébiteurs solidaires,
libère tous les autres à moins que le créancier n'ait
expressément réservé ses droits contre ces derniers. » Cette disposition est à la fois peu juridique
et peu équitable : peu juridique, en ce qu'elle est
contraire à la maxime que les libéralités ne se présument pas ; peu équitable, en ce que l'intention du
créancier sera souvent méconnue et dépassée. De
l'avis de tous les interprètes le législateur eut agi
plus judicieusement en s'attachant à la doctrine de
Pothier. Quoi qu'il en soit, le créancier, s'il veut

ne faire remise qu'à un seul des codébiteurs, doit
expressément réserver ses droits contre les autres.
Les mots réserve expresse n'étant pas ici sacramen-
tels, le créancier pourrait employer tous autres
termes assez clairs pour ne laisser aucun doute sur
ses intentions : par exemple, s'il faisait une remise
à l'un des codébiteurs pour la part de ce codébiteur
dans l'obligation, cette expression contiendrait
une réserve suffisante de ses droits contre les autres, d'après l'adage : *qui dicit de uno, negat de
altero.* — Nous devons remarquer que si le créancier conserve ses droits contre les autres codébiteurs solidaires, ce n'est que déduction faite de la
part de celui qui a obtenu la remise. Si par exemple
la dette était de 9000 fr., avec trois débiteurs solidaires, la créance, après la remise ainsi faite à l'un
d'eux, ne sera plus que de 6000 fr. Et il faut bien
qu'il en soit ainsi, car si les autres débiteurs étaient
encore tenus de payer le total au créancier, ils
auraient un recours contre leur codébiteur libéré,
et alors celui-ci ne profiterait pas lui-même de la
remise. Enfin, si l'un des coobligés se trouve insolvable au moment où le créancier demande le surplus de la dette à tel ou tel d'entre eux, la portion
de l'insolvable doit se répartir contributoirement
entre tous les débiteurs solvables, y compris même
celui ou ceux qui ont été déchargés par la remise;
le motif de cette décision est facile à comprendre :
les codébiteurs ont compté sur leurs coobligés libérés, pour supporter contributoirement la perte ré-

sultant de l'insolvabilité de l'un d'entre eux (article 1214); ils n'ont traité que sur la foi de loi; il n'appartient pas au créancier de tromper leur attente, et de changer, par son fait, les rapports réciproques qui s'étaient établis entre eux.

Nous venons de dire que le codébiteur libéré doit supporter une part dans l'insolvabilité de l'un des autres. Nous devons cependant reconnaître que plusieurs auteurs mettent cette part non pas à la charge du codébiteur libéré, mais à la charge du créancier. La même controverse devant se représenter en matière de remise de la solidarité, nous renvoyons la discussion au moment ou nous traiterons de cette espèce de remise.

Le créancier, en faisant remise à l'un des codébiteurs solidaires, peut se réserver expressément le droit de poursuivre les autres codébiteurs sous la déduction de la part de celui qu'il a libéré.

Mais quelle est cette part? est-ce la part virile ou la part réelle? Prenons un exemple : j'ai trois codébiteurs solidaires d'une somme de 12000 fr., qui sont intéressés inégalement dans l'affaire : Paul pour 6000 fr., Pierre pour 4000 et Jacques pour 2000. J'ai fait remise à Paul de sa part; est-ce de 4000 fr. sa part virile, ou de 6000 fr. sa part réelle? D'après M. Rodière la remise doit toujours être censée de la part virile. Mais qu'adviendrait-il dans ce système si la part virile excédait la part réelle? est-ce que si j'avais fait remise de sa part à Jacques qui n'est tenu réellement que pour 2000 fr. dans la

dette, la remise serait de 4000 fr.? elle profiterait
donc aux autres codébiteurs à qui je ne l'ai pas
faite? Cela est inadmissible. M. Delvincourt enseigne au contraire que la remise est toujours censée
faite de la part réelle (t. II. p. 573). Ce qui n'est pas
moins inadmissible, car, il en pourrait résulter que
la remise dépasserait la volonté du créancier, s'il
avait ignoré que la part réelle de celui à qui il la
faisait, excédait sa part virile. Ces deux solutions
sont donc trop absolues; il faut dire que c'est là
une question d'intention à décider en fait, d'après
la volonté vraisemblable du créancier. Si le créancier a connu la position respective des débiteurs
les uns envers les autres, il faudra décider que la
remise est de la part réelle. S'il l'a ignorée, on
devra décider qu'elle est de la part virile. S'il est
impossible de savoir si le créancier a connu ou
ignoré la part de chacun d'eux dans la dette, on
devra décider que la remise sera de la part virile,
qui est la part apparente dont chacun d'eux est présumé tenu. (M. Demolombe).

Passons de l'obligation solidaire à l'obligation
indivisible contractée par plusieurs personnes ou
par une seule qui laisse plusieurs héritiers. Quel
sera l'effet de la remise expresse consentie par le
créancier à l'un des obligés? Le Code est muet sur
cette question; aussi est-elle diversement résolue
par les interprètes. M. Larombière (t. III, p. 609)
est d'avis que l'on doit, par analogie, étendre la disposition de l'art. 1285, aux obligations indivisibles

et admettre en conséquence, que sauf réserve expresse, la décharge conventionnelle au profit de l'un des débiteurs de la chose indivisible, les libère tous. Peut être même, ajoute le savant auteur, à raison de la nature de l'obligation, il y aurait des raisons plus fortes d'appliquer la disposition de cet article, au cas d'indivisibilité qu'au cas de solidarité.

Pour nous, loin de trouver dans la nature de l'obligation indivisible, un motif de plus de résoudre la question par analogie de l'art. 1285, nous y voyons au contraire une raison décisive de repousser la solution de cet article. En effet nous n'avons pas ici la relation juridique de mandat ou de société par suite de laquelle les codébiteurs d'une obligation solidaire sont considérés comme les représentants les uns des autres. De plus, sans avoir égard à la nature de l'obligation indivisible, et lors même que la présomption *juris tantum* posée dans l'art. 1285 serait raisonnable, elle ne saurait être étendue du cas prévu de solidarité, au cas non prévu d'indivisibilité; les présomptions légales sont de droit étroit; il faut un texte spécial pour leur donner l'existence. (Art. 1350). Nous poserons donc en principe que la remise expresse consentie sans réserve par le créancier à l'un des codébiteurs d'une dette indivisible, ne libère pas les autres codébiteurs. Cependant, par la force des choses, la remise sera quelquefois absolue ; c'est ce que nous verrons en étudiant successivement les trois espèces d'indivisibilité : 1° *Contractu et naturà*; 2° *obligatione*, 3° *solutione tantùm*.

Premier cas. — Remise d'une dette indivisible *naturà* à l'un des débiteurs. — D'après notre principe, cette remise ne saurait profiter à l'autre codébiteur, mais il est clair qu'elle ne saurait non plus lui nuire (art. 1165.) Cela posé, quatre hypothèses sont possibles : 1° La dette est de nature a être acquittée séparément par chacun des débiteurs ; par exemple, il s'agissait d'acheter un cheval pour le livrer au créancier. Celui-ci pourra actionner *pour le tout* le débiteur à qui il n'a pas fait de remise, puisque la dette est indivisible, et que d'ailleurs tout doit se passer à l'égard de ce débiteur comme si l'autre n'avait pas été libéré (art. 1165,) Or, s'il n'y avait pas eu remise, il aurait pu être poursuivi pour le tout, sauf à lui à demander la mise en cause de son codébiteur à l'effet de le faire comprendre dans la condamnation (art. 1225). Dans notre hypothèse, le codébiteur mis en cause se prévaudra nécessairement de la remise de la dette, et alors de deux choses l'une : ou le codébiteur poursuivi se décidera à accomplir l'obligation pour le tout, sauf à faire déterminer par le jugement le montant de son recours contre son codébiteur, recours que la remise n'a pu supprimer (art. 1165). Le codébiteur soumis à ce recours s'adressera alors au créancier qui lui a fait remise et l'obligera soit à le garantir soit à l'indemniser. Ou au contraire le codébiteur étranger à la remise se refusera à exécuter une obligation pour l'accomplissement de laquelle il attendait le concours de son codébiteur ; et alors, tout se passera comme au cas où les deux codébiteurs de la dette indivisible se refusent l'un et l'autre à contribuer à l'acquittement de l'obligation. Le tribunal condamnera Primus et Secundus à des dommages-intérêts qui se diviseront de plein droit entre eux. Il est entendu que Primus à qui il a été fait remise ne paiera pas sa part desdits dommages et intérêts tandis que Secundus devra payer sa part.

2° La dette ne peut être exécutée que par les deux codébiteurs conjointement; par exemple, il s'agit de *dare viam* sur un fonds commun à Primus et à Secundus. Secundus assigné mettra en cause Primus qui se prévaudra de la remise ; Secundus déclarera que quant à lui il est prêt à exécuter l'obligation, et dès lors il évitera la condamnation. Primus ne peut être condamné. On voit donc que dans cette hypothèse la remise a un effet absolu. Mais remarquons-le bien, c'est toujours l'application du principe que tout doit se passer comme s'il n'y avait pas eu remise : l'art. 1285 est étranger à notre solution. — 3° La dette ne peut être exécutée que par Secundus. Nous appliquerons ici purement et simplement l'art. 1225 *in fine*: Secundus ne pourra obtenir que la condamnation soit commune à Primus et à lui; mais il l'appellera en garantie; alors de deux choses l'une, ou il sera disposé à exécuter l'obligation, et dans ce cas le tribunal fixera l'indemnité que lui devra Primus, indemnité qui sera définitivement supportée par le créancier ; ou bien il se refusera à exécuter l'obligation, et alors il sera condamné à la totalité de dommages-intérêts sans aucune division entre lui et Primus, car c'est par sa faute que l'obligation n'a pas été exécutée. — 4° La dette est de nature à ne pouvoir être exécutée que par Primus. Dans ce cas, Secundus ne saurait être assignée en raison même de l'impossibilité où il se trouve d'exécuter l'obligation (et il importe peu qu'il y ait eu remise ou non). La remise aura donc encore ici un effet absolu.

Deuxième cas. — Remise d'une dette indivisible *obligatione*, par exemple de l'obligation de construire une maison, *opus perfectum*. Cette obligation étant par sa nature toujours susceptible d'être exécutée séparément par chacun des débiteurs, nous donnerons ici la même solution que dans la première hypothèse que nous avons étudiée en matière d'indivisibilité *contractu et naturâ*.

Troisième cas. — Remise d'une dette indivisible *solutione tantum*. — L'indivisibilité existe seulement au point de vue passif. D'autre part, elle tient à la volonté du créancier qui a voulu échapper à la division de plein droit afin d'obtenir un payement total. La remise faite à Primus manifestera un changement de volonté de la part du créancier qui consent à ne pas se prévaloir de l'indivisibilité. Dès lors, Secundus sera quitte en payant sa part.

Etudions les effets de la remise expresse lorsque

à côté du débiteur principal se trouvent un ou plusieurs obligés accessoires.

L'art. 1287 dans sa première partie, dispose « que la décharge conventionnelle accordée au débiteur principal libère les cautions. » L'accessoire ne pouvant exister là où il n'existe plus de principal, il est évident qu'il ne peut plus y avoir de cautionnement lorsqu'il n'y a plus de dette. D'ailleurs, il est bon d'observer que le débiteur principal serait inutilement déchargé, si les cautions ne l'étaient également, puisque les cautions étant obligées de payer la dette, auraient recours contre le débiteur. Nous avons, il est vrai, trouvé une solution opposée dans le droit romain ; mais elle s'explique par le principe que le *pactum de non petendo* n'éteignait pas *ipso jure* les obligations civiles, et ne produisait par cela même que des effets purement relatifs, lorsqu'il était conçu *in personam* ; tandis que chez nous, la remise de la dette entraîne l'extinction absolue. — De ce que nous venons de dire on peut conclure que le créancier ne pourrait pas, en déchargeant le débiteur principal se réserver son droit contre la caution.

Il est fait exception à l'art. 1287 dans le cas de remise forcée. Ainsi la remise faite par la majorité des créanciers, au failli débiteur principal, dans un concordat, ne libère point les cautions (art. 545. com.). C'est parce que cette remise n'est pas considérée comme volontaire, même de la part de ceux qui ont concouru au concordat et voté pour son admission, et parce que les créanciers sont présumés avoir demandé des cautions, précisément pour les garantir de la perte qui pourrait résulter pour eux d'un concordat. — Du reste, nous reviendrons sur ce point en traitant de la remise forcée. — Mais nous devons dire tout de suite, que la solution que nous venons de donner, ne doit pas être étendue aux remises que les créanciers d'un commerçant en état de cessation de payements; mais non en état de faillite déclarée, peuvent lui accorder, en considération de l'abandon à l'amiable qu'il leur fait de son actif. C'est ce que la Cour de cassation a décidé plusieurs fois, et notamment dans un arrêt du 12 novembre 1867.

Art. 1288. 2°. « La remise accordée à la caution ne libère pas le débiteur principal. » La dette peut, en effet, fort bien exister sans le cautionnement. Mais il en serait autrement si le créancier avait accordé décharge à la caution moyennant un prix. C'est ce que nous verrons bientôt.

Art. 1287, 3°. « La remise accordée à l'une des cautions ne libère pas les autres. » — Cette disposition n'est pas rigoureusement exacte. Soit, en effet, une dette de 12,000 francs garantie par trois cautions ; le créancier consent une remise au profit de l'une d'elles. Malgré cette remise, les deux autres cautions répondront-elles de la dette entière ? Non certainement : de deux choses l'une. En effet, ou les cautions ont renoncé au bénéfice de division ; et dans ce cas elles peuvent invoquer comme tenues pour le tout, la disposition du second alinéa de l'art, 1285 ; ou elles n'y ont pas renoncé, et dans ce cas, elles peuvent, en invoquant ce bénéfice, se soustraire à l'obligation de payer la part de la caution que le créancier a déchargée.

Mais on devrait appliquer à la lettre l'art. 1287-3° dans le cas où la caution déchargée se serait engagée par un acte postérieur à l'engagement des autres. En déchargeant cette caution, le créancier n'a pu en effet causer aucun préjudice aux fidéjusseurs qui se sont obligés antérieurement, car ils n'avaient pas pu compter sur la caution qui a obtenu la remise.

Après avoir recherché quels effets produit la remise *expresse* lorsqu'il y a plusieurs créanciers ou plusieurs débiteurs d'une dette, ou bien lorsque la dette est garantie per des obligés accessoires, nous avons à faire la même étude sur les effets de la remise *tacite*, en nous plaçant au même point de vue.

§ 2. *Des effets de la remise tacite.*

Le Code civil est muet sur toute cette matière ; il ne contient qu'une disposition particulière relative à la remise du titre à l'un des codébiteurs solidaires. Aussi l'interprète se trouve-t-il ici en présence des plus graves difficultés.

Supposons d'abord que le titre *original* de la

créance a été volontairement abandonné au débiteur par l'un des créanciers solidaires. Cette restitution place-t-elle le débiteur dans les termes de l'art. 1282 envers les autres créanciers ? peut-il prétendre qu'elle fait également preuve contre eux de sa libération ?

Quelques interprètes ont soutenu l'affirmative. En effet, disent-ils, aux termes du premier alinéa de l'art. 1198, le débiteur a la faculté de payer a l'un ou à l'autre des créanciers solidaires, tant qu'il n'a pas été prévenu par les poursuites de l'un deux. Or d'après l'art. 1282, c'est une preuve de libération, c'est-à-dire, une preuve *de remise ou de payement* qui résulte de la restitution du titre faite par le créancier au débiteur. Donc, le débiteur peut opposer cette restitution aux autres créanciers solidaires, comme une preuve de payement.

Il nous semble que ce raisonnement repose sur une pétition de principe. Quelle est en effet la question? c'est de savoir si le débiteur pourra opposer aux autres créanciers solidaires la présomption de libération de l'art. 1282, qu'il peut indubitablement opposer au créancier qui lui a abandonné le titre. Or, dans cette opinion, on ne démontre pas la proposition; on se borne à l'affirmer. Nous savons cependant que les présomptions sont essentiellement relatives, et qu'elles n'ont d'effet qu'entre les personnes en vue desquelles elles ont été créées.

On pourrait peut-être démontrer en raisonnant

de la manière suivante, qu'en effet notre présomption est opposable aux autres cocréanciers solidaires : Le créancier qui a abandonné le titre au débiteur était mandataire de ses cocréanciers à l'effet
de recevoir le payement et d'en donner quittance ;
s'il était mandataire à l'effet de donner quittance,
il l'était aussi à l'effet de remettre le titre pour se
dispenser de rédiger un acte constatant le payement. Donc la présomption de l'art. 1282 a la même
force à l'encontre de tous les créanciers, donc le
débiteur peut prétendre qu'il est libéré à l'égard
de tous.

Ce raisonnement serait inattaquable s'il était
prouvé que le créancier qui a fait la remise, avait
réellement mandat de ses cocréanciers pour abandonner le titre afin d'éviter la rédaction d'une quittance. Mais ce point nous paraît douteux : est-il
bien probable que les cointéressés aient entendu
autoriser celui d'entre eux qui détenait le titre, à le
restituer au débiteur, lorsque ce titre doit leur
être nécessaire pour régler, après le payement,
leur recours contre lui ? Nous le répétons, cela nous
paraît fort douteux. Ajoutons que les présomptions
des articles 1282 et 1283 paraissent bien n'avoir été
créées que pour le cas où on ne trouve en présence
qu'un seul créancier et qu'un seul débiteur : cela
ressort des termes de l'art. 1282 : « la remise volontaire..... *par le créancier au débiteur*, fait preuve
de la libération. » Enfin il faut le reconnaître, dans
ce système il sera bien facile à l'un des créanciers

de libérer gratuitement le débiteur commun en fraude des droits de ses cocréanciers : pour cela il n'aura qu'à abandondonner le titre original ; il y aura dès lors présomption *juris et de jure* qu'il a reçu le payement ; et s'il est insolvable comment pourra-t-il répondre au recours de ses cocréanciers ?

Maintenant, si l'on trouve insuffisants les arguments que nous venons de présenter en faveur du premier système, si l'on décide que le débiteur ne peut pas en s'appuyant sur la présomption de l'art. 1282 invoquer sa libération à titre de payement à l'encontre des créanciers restés étrangers à la restitution du titre, si l'on décide, disons-nous, que ce débiteur n'est libéré envers eux que par une quittance, on se trouve alors en présence du premier alinéa de l'art. 1198 qui dispose que la remise faite seulement par l'un des créanciers solidaires ne libère le débiteur que pour la part de ce dernier ; par conséquent la réponse à notre question doit-être négative.

A quel système faut-il s'arrêter ? Nous avouons notre embarras à choisir entre les deux : aucune des deux argumentations ne nous satisfait pleinement.

Si au lieu du titre original, c'est la grosse du titre qui a été abandonnée, il faut dire, sans hésiter, et même dans la première opinion que nous avons indiquée, que cette remise ne sera pas opposable aux autres créanciers solidaires ; ils pourront toujours établir que le débiteur a été libéré à titre gratuit, et que dès lors cette libération n'est valable que pour la part de celui qui a fait abandon de la grosse, art. 1198.

Lorsque la remise du titre original ou de la grosse, a été faite par l'un de plusieurs créanciers simplement conjoints, sans mandat ni pouvoir de la part des autres, vaudra-t-elle libération en faveur du débiteur, à l'égard de ces derniers? Non évidemment. En effet, d'une part, il n'est pas exact de dire que le titre a été remis par le créancier, puisque la créance se divise de droit entre plusieurs, et d'autre part, le débiteur, en supposant même qu'il ait réellement payé, n'a pu le faire valablement entre les mains d'un seul, puisque ce dernier n'était pas créancier de la totalité. Les autres peuvent donc nonobstant la remise du titre, laquelle est irrégulière par rapport à eux, le poursuivre en payement de leurs parts, sauf son recours en répétition de l'indû. Car la remise du titre établit en sa faveur, envers celui des créanciers conjoints qui l'a faite, présomption de sa libération, même pour la totalité de la créance.

Renversons maintenant l'hypothèse et supposons que le créancier a fait abandon du titre ou de la grosse à l'un des débiteurs principaux ou accessoires.

Et d'abord, la restitution du titre faite par le créancier à l'un des débiteurs solidaires fait preuve de la libération au profit des autres codébiteurs ; il n'y a pas de doute possible ; c'est la disposition formelle de l'art. 1284 : « la remise du titre original sous signature privée ou de la grosse du titre à l'un des débiteurs solidaires, a le même effet au profit de ses codébiteurs. »

Mais faudra-t-il donner la même solution lorsqu'il s'agira de débiteurs conjoints? — On a soutenu que la restitution du titre ne fait alors preuve de la libération, que pour la part virile de celui qui l'a reçue, et qu'elle n'établit point de même, à l'égard du créancier, la libération des autres pour leurs parts personnelles. Ce débiteur est, en effet, un tiers pour ces dernières parts; et si le titre qui n'était pas susceptible d'une remise divisée, lui a été remis, on peut encore légitimement supposer que ce n'a été qu'à la charge, par lui, de le communiquer au créancier, lorsqu'il demanderait aux autres le surplus de la créance. (Comp. Larombière.)

Nous répondrons qu'il est difficile de comprendre comment la restitution du titre n'aurait pas un effet absolu *ergà omnes*. La présomption qui en résulte est fondée sur ce que le créancier s'est privé volontairement de tout moyen de contraindre le débiteur ; Or, dans notre espèce, en se privant de sa preuve contre l'un, il s'est également privé de sa preuve contre les autres, et par conséquent la présomption doit avoir la même force dans ses rapports avec les autres codébiteurs, que dans ses rapports avec celui qui a reçu le titre. — Quant à l'argument qui consiste à dire que si le créancier a rendu son titre à l'un d'eux, c'était à la charge de

le lui communiquer lorsqu'il demanderait à chacun
des autres leur part, il est sans valeur à notre avis :
il est impossible de supposer une pareille intention
au créancier ; il ne serait jamais assez imprudent,
pour s'exposer ainsi à voir son titre détruit ou
perdu par celui auquel il l'aurait remis ; s'il en a
fait l'abandon, c'est bien qu'il a voulu remettre la
dette entière ou qu'il a été intégralement payé. —
Enfin, on ne peut attacher aucune importance à
cette objection que le codébiteur conjoint étant un
tiers par rapport aux autres n'a pu payer ou accepter pour eux la remise de la dette. Ce débiteur a
certainement pu payer toute la dette ou en accepter la remise, comme gérant d'affaires de ses codébiteurs.

Il est à peine besoin de dire que la restitution du
titre original faite par le créancier au débiteur principal profite à la caution : en effet, le créancier se
trouve aussi bien désarmé contre la caution que
contre le débiteur principal.

Si c'est à la caution que la restitution a été faite,
le créancier est encore absolument désarmé. La
preuve de libération qui en résulte est la même,
pour l'un comme pour l'autre.

C'est par le même motif que l'on doit dire que la
restitution du titre faite par le créancier à l'une
des cautions, libère les autres en même temps que
le débiteur principal : L'art. 1287 3°, dispose il est
vrai que la remise ou décharge conventionnelle ac-

cordée à l'une des cautions, ne libère pas les autres. Mais il s'occupe de la remise expresse, et nous nous trouvons au contraire dans un cas de remise tacite.

SECTION IV

DE LA REMISE DE LA SOLIDARITÉ.

Jusqu'ici nous nous sommes toujours trouvés en présence de créanciers abandonnant tout ou partie de leur créance en faveur de leur débiteur ou de quelques-uns de leurs débiteurs. Mais un créancier qui a plusieurs débiteurs solidaires, peut, tout en conservant contre eux l'intégralité de sa créance, alléger pour chacun le fardeau de la dette, en leur faisant remise de la modalité de l'obligation : il renonce alors à la solidarité ; chacun n'est plus tenu que pour sa part ; il y a désormais autant de dettes distinctes qu'il y a de débiteurs; l'obligation de solidaire qu'elle était, est devenue simplement conjointe.

La remise *absolue* de la solidarité, c'est-à-dire le fractionnement de la dette accordé à tous les débiteurs, ne présentant aucune difficulté, le législateur n'a pas cru devoir s'en occuper.

Mais le créancier peut limiter les effets de sa générosité à un ou quelques-uns de ses débiteurs : la remise de la solidarité est alors relative.

Cette renonciation peut être expresse ou tacite. Elle est tacite, lorsque la loi l'induit de certaines circonstances qui font présumer chez le créancier l'intention d'abdiquer la garantie qui existe en sa faveur.

Qu'elle soit expresse ou tacite, la remise de la solidarité produit toujours les mêmes effets ; aussi n'aurons-nous pas à faire ici la distinction que nous avons faite, quant à la remise de la dette elle-même, entre la remise expr sse et la remise tacite. Nous allons étudier les effets de la remise relative de la solidarité lorsqu'elle résulte d'une déclaration expresse, nous réservant d'indiquer un peu plus loin les circonstances desquelles la loi induit une renonciation tacite à ce bénéfice.

Supposons donc que le créancier a consenti expressément à la division de la dette, à l'égard de l'un des codébiteurs. L'art. 1210 dispose qu'il conserve son action solidaire contre les autres. Ainsi, la remise de la solidarité consentie à l'un des codébiteurs n'a qu'un effet relatif et ne décharge de la solidarité que celui à qui cette remise est faite. Nous avons vu, au contraire, que la remise de la dette faite à l'un des débiteurs est censée être absolue et libère tous les autres, si le créancier n'a réservé expressément ses droits contre eux (article 1285). Comment le législateur a-t-il pu édicter deux dispositions si peu en harmonie l'une avec l'autre ? Voici l'explication de ce désaccord : la disposition de l'art. 1285, nous l'avons déjà remarqué, a été empruntée à la théorie de l'acceptation romaine, mode solennel et rigoureux d'extinction des obligations que notre droit français n'a pas reconnu, tandis que celle de l'art. 1210 a été empruntée à la théorie du simple pacte *de non petendo*. Voilà comment on a pu arriver à ce résultat illogique, de rendre *absolue* la remise de la dette, lors qu'elle n'est accordée qu'à l'un des codébiteurs, et de rendre *relative*, la remise de la solidarité lorsqu'elle n'est aussi accordée qu'à l'un d'eux. Du reste, il faut le reconnaître, la disposition de l'art. 1210 est plus équitable et en même temps plus juridique, car on ne doit pas en général présumer l'abandon d'un droit, et d'un autre côté, les conventions n'ont d'effet qu'entre les parties contractantes.

Ainsi, quand la solidarité a été remise à un seul des débiteurs, celui-ci n'est plus tenu que pour sa part; mais les effets de la solidarité subsistent contre les autres codébiteurs. Toutefois l'art. 1210 *in fine* apporte une restriction à ce dernier principe : le **créancier** ne conserve son action solidaire contre eux que **déduction** faite de la part du débiteur qu'il a déchargé de la solidarité. Malgré les termes qui paraissent bien formels de notre art. 1210, des auteurs d'une grande autorité ont nié que la remise de la solidarité faite à l'un des débiteurs solidaires, oblige le créancier à déduire la part de celui-ci dans les poursuites qu'il exerce contre les autres. Par exemple, le créancier ayant trois débiteurs d'une dette solidaire de 15,000 francs, fait remise de la solidarité à l'un d'eux et consent à ne lui demander que le tiers ou 5000 francs. L'art. 1210 entendu dans son sens naturel, oblige ce créancier à ne poursuivre chacun des deux autres débiteurs, que déduction faite de la part de celui qu'il a déchargé, et dans l'espèce, par conséquent, à ne leur demander que 10,000 francs. Toutefois, comme nous l'avons dit, on a nié que ce fût là en effet, la décision contenue dans l'art. 1210. Il est vrai que cette décision est contraire à la doctrine de Pothier qui nous dit que le créancier qui a déchargé de la solidarité l'un des débiteurs, conserve son droit de solidarité contre les autres, et qui y apporte cette seule restriction, que cette décharge ne pourra préjudicier aux autres ; c'est-à-dire que le déchargé sera compris dans la répartition de la part des insolvables.

Pour soutenir que cette doctrine est encore celle de la loi, on dit que si l'art. 1210 oblige le créancier à déduire la part du débiteur qu'il a déchargé de la solidarité, c'est que cet article vise le cas où le débiteur n'a été déchargé de la solidarité que moyennant payement de sa part dans la dette (Aubry et Rau, § 298, note 52, Larombière sur l'article 1216 n° 7). On comprend en effet, que dans ce cas, le créancier n'ait action contre les autres, que déduction faite de la part qui lui a été payée. Mais dans le cas où le débiteur déchargé de la solidarité, n'a point payé sa part, et où le créancier en lui en a point fait remise, puisque ce débiteur demeure toujours tenu de sa part dans la dette, et qu'il est là par conséquent pour répondre au recours de celui qui pourrait se trouver forcé de payer la totalité, quelle raison y a-t-il de restreindre le droit du créancier vis-à-vis des autres débiteurs? Cette restriction qui se comprend dans le cas où le créancier a fait remise de la dette pour sa part à l'un des débiteurs, ne peut plus s'expliquer quand le créancier lui a fait simplement remise de la solidarité. — Quelle que puisse être la valeur de ces considérations, cette opinion nous paraît contredite par les termes de notre art. 1210, sur la signification duquel les travaux préparatoires ne peuvent guère laisser de doute. En effet, la rédaction primitive de l'art. 1210 portait : « le créancier perd toute action » solidaire lorsqu'il consent à la division de la dette » vis-à-vis de l'un des débiteurs: il en est de même » lorsqu'il reçoit divisément la part de l'un des » débiteurs, à moins que la quittance ne porte la » réserve de la solidarité. » (Locré t. XII, p. 108 et 233). On voit que deux cas étaient prévus ; celui où le créancier consentait à la division de la dette, et celui où il recevait divisément la part de l'un des débiteurs; puisque cette deuxième hypothèse était présentée comme un cas distinct, il est naturel de conclure qu'elle n'était pas comprise dans la première, et que par conséquent, en parlant du premier cas, celui où le créancier consent à la division de la

dette, les rédacteurs n'entendaient pas s'occuper du
cas qu'ils traitaient à part, où le créancier reçoit un
payement divisé de l'un des débiteurs. Lors de la
communication officieuse au tribunat, la section
demanda que les deux cas dans lesquels le créancier
perd son action solidaire et que nous avons vus
réunis dans un seul article, fussent visés par deux
articles différents, « la section est d'avis, lisons nous
» dans les travaux préparatoires, que pour mieux
» coordonner les articles, l'art. 112 (1210 du Code),
» parlera du seul cas où le créancier consent à la
» division de la dette. Quant à celui où le créancier
» reçoit divisément la part de l'un des débiteurs, la
» disposition y relative sera placée dans l'art. 113
» (art. 1211 du Code.) » L'induction que nous avons
tirée de la distinction de ces deux cas dans la rédaction primitive, subsiste, comme on voit, dans toute
sa force, après cette modification, puisqu'elle ne fait
qu'accentuer cette distinction. Le tribunat ne se
borna pas à demander cette modification de rédaction que nous avons signalée ; il émit en outre
l'opinion qui a été consacrée par le Code, que le
créancier ne devait point perdre son action solidaire
contre les codébiteurs de celui qu'il avait déchargé
de la solidarité. Le projet admettait au contraire
que le créancier qui avait déchargé l'un des débiteurs de la solidarité, perdait « toute action soli-
» daire. » Le tribunat motivait son opinion en faisant observer que les autres débiteurs ne pouvaient
se plaindre de ce que la solidarité était conservée

contre eux, puisqu'elle n'était conservée que sous déduction de la part du débiteur déchargé, de telle sorte que « le nouvel article en maintenant les » droits du créancier, ne nuisait en aucune façon à » l'intérêt des débiteurs, et même pouvait leur être » utile. » (Locré, t. XII. p. 269). Or, on ne comprend pas bien la pensée du tribunat, que dans l'opinion d'après laquelle le créancier ne peut agir que déduction faite de la part de celui qu'il a déchargé de la solidarité. On comprend disons-nous, que dans cette opinion, la décharge de celui-ci puisse être utile à ses codébiteurs puisqu'elle les soustrait aux risques de son insolvabilité. Nous ferons observer enfin, que si l'art. 1210 s'occupait du cas où le débiteur n'a été déchargé que moyennant le payement de sa part dans la dette, sa disposition serait bien oiseuse; il était bien inutile de nous dire que le créancier ne peut pas se faire payer deux fois une partie de sa dette. — Nous dirons donc que le créancier qui a fait remise de la solidarité à l'un des débiteurs, ne conserve son action solidaire contre les autres, que déduction faite de la part du débiteur déchargé. La valeur rationnelle de cette décision peut être contestée. Toutefois on peut dire que le créancier, en faisant remise de la solidarité à l'un des débiteurs, a modifié la position de tous. En déchargeant Primus de la solidarité, il a enlevé à ses codébiteurs la chance de voir l'avance de toute la dette faite par lui. La position des autres débiteurs étant aggravée par là, il est équitable de leur

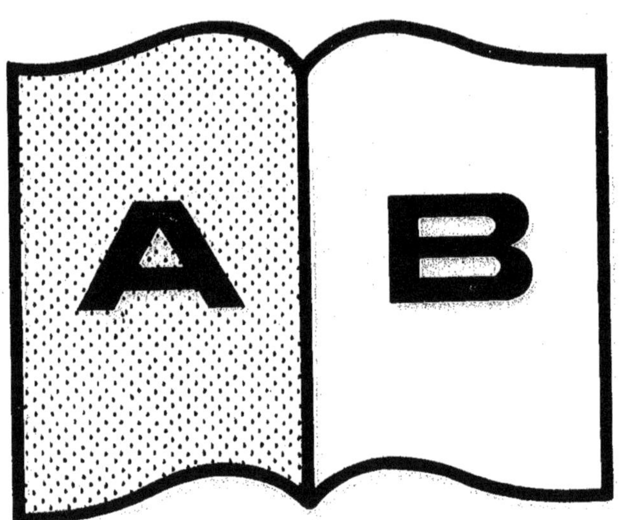

Contraste insuffisant

NF Z 43-120-14

accorder comme conpensation, l'avantage de n'avoir point de leur côté à faire l'avance de la part de Primus. (MM. Valette, Demolombe, Colmet de Santerre.)

Les motifs que nous venons d'invoquer pour justifier la solution de l'art. 1210, nous conduisent à déclarer, que la réserve expresse faite par le créancier, du droit de poursuivre pour le tout les codébiteurs non déchargés de la solidarité, serait non avenue à l'égard de ceux ci. « Si, nous avons dé-
» montré, dit notre savant maître. M. Colmet de
» Santerre, que la remise de solidarité faite au pro-
» fit de l'un d'eux, aggrave l'obligation des autres,
» il est bien clair que cette aggravation ne pourrait
» pas résulter même d'une convention expresse, à
» moins qu'ils n'aient été eux-mêmes parties dans
» cette convention, et qu'ils n'y aient adhéré. Au-
» trement, une convention entre le créancier et
» leur codébiteur ne peut pas leur nuire. Il fau-
» drait donc, malgré toute réserve, appliquer l'ar-
» ticle 1210, et toute la valeur que nous pourrions
» attribuer à la restriction mise par le créancier à
» l'abandon de la solidarité, serait de faire traiter
» la convention de remise comme non avenue elle
» même, par rapport au débiteur qu'on a voulu
» décharger, si les termes étaient assez énergiques
» pour faire croire que le créancier a fait de la ré-
» serve de ses droits *in solidum* contre les codébi-
» teurs, une condition *sine quâ non* de la remise
» qu'il accordait. » (Obl. p. 242).

Une nouvelle conséquence résulte encore du principe que le créancier ne peut pas, en faisant remise de la solidarité à l'un des codébiteurs, aggraver la situation de ceux contre lesquels il a conservé son action solidaire : c'est que, si l'un de ceux-ci devient insolvable, la portion qu'il aurait dû supporter dans la dette sera contributoirement répartie entre tous les codébiteurs, y compris celui-là même qui a été précédemment déchargé de la solidarité, article 1215. Si donc, nous supposons que Primus, Secundus et Tertius doivent solidairement 6000 fr. à Paul, que Paul a déchargé Primus de la solidarité, et que Secundus est insolvable, Tertius ne devra pas supporter à lui seul la perte de deux mille francs résultat de l'insolvabilité de Secundus, mais, Primus devra sur ces deux mille francs, en prendre mille à sa charge. Nous avons déjà donné la même solution au cas de remise de la dette, faite à l'un des débiteurs, et nous avons indiqué sur quelles raisons juridiques elle s'appuie, Nous n'avons donc pas à y revenir.

Toutefois, nous devons dire que d'après un grand nombre d'auteurs, soit dans le cas d'une division de la dette, soit dans le cas d'une remise relative de la dette elle-même, la perte résultant de l'insolvabilité de l'un des codébiteurs, tomberait pour une part, non pas sur le codébiteur qui a obtenu la remise, mais sur le créancier qui l'a consentie. En effet, disent ces interprètes, tel était dans notre ancien droit le sentiment de Pothier; et d'ailleurs, cette solution dérive logiquement des principes : le créancier qui a fait remise de la dette à l'un des débiteurs, ou qui l'a déchargé de la solidarité, a voulu, dans le premier cas, libérer complétement son débiteur ; dans le deuxième cas, le libérer pour tout ce qui excède la part qu'il doit supporter dans la dette ; par conséquent, il a entendu aussi le libérer pour la part qu'il pourrait avoir à supporter dans l'insolvabilité de l'un de ses codébiteurs. Donc, le débiteur qui a obtenu la remise, peut désormais se considérer comme complétement libéré dans la première hypothèse, et comme un débiteur simplement conjoint, dans la seconde ; et il est fondé à croire qu'aucun recours du chef des autres débiteurs, pour quelque cause que ce soit, ne pourra l'atteindre.

Nous reconnaissons, en effet, que notre solution est contraire à celle de Pothier ; mais nous ne persistons pas moins à croire qu'elle est celle du Code. Et d'abord, sur la deuxième hypothèse, que dit l'art. 1215? « dans le cas où le créancier a renoncé à l'action solidaire envers l'un des débiteurs, si l'un ou plusieurs des autres codébiteurs deviennent insolvables, la portion des insolvables sera contributoirement répartie entre tous les débiteurs, *même entre ceux précédemment déchargés de la solidarité par le créancier.* » n'est-il pas de toute évidence que le texte de cet article contredit formellement l'opinion de nos adversaires ? Vraiment la loi est trop claire pour que l'on puisse soutenir qu'elle n'a

pas rompu avec la tradition. Mais si un doute
était encore possible sur l'intention du législateur,
il nous serait facile de le dissiper en rappelant les
termes employés par Bigot-Préameneu dans
l'exposé des motifs de l'art. 1215 : « si, dit-il, le
créancier divise la dette à l'égard des codébiteurs,
on ne doit pas en conclure qu'il ait interverti les
recours respectif des codébiteurs entre eux; la
division de la dette n'a pu être consentie ni acceptée
que sauf le droit d'autrui ; ainsi, le codébiteur
déchargé de la solidarité envers le créancier a dû
compter qu'il lui restait encore une obligation à
l'égard de ses codébiteurs, en cas d'insolvabilité
de quelques uns d'entre eux. » (Fenet t. XIII p. 545).
Nous le répétons, un doute n'est plus possible
maintenant ; le débiteur qui a obtenu la division
de la dette, devra supporter une part de la perte
résultant de l'insolvabilité de son codébiteur.
Mais si la solution que nous avons donnée est vraie
dans la deuxième hypothèse, elle doit l'être aussi
dans la première, car nous ne voyons pas où serait
la raison de distinguer entre les deux.

Cependant les partisans de l'opinion contraire
insistent : supposons, disent-ils, que tous les débiteurs sont insolvables, excepté seulement celui qui
a été déchargé de sa part dans la dette, ou de la
solidarité : soutiendra-t-on que le créancier peut
encore demander à ce dernier, la dette entière sauf
déduction de la part remise dans le premier cas,
et la dette entière sans déduction aucune dans le

deuxième cas? Or, n'avons-nous pas établi que le créancier l'a conplétement libéré dans la première hypothèse, et l'a libéré pour tout ce qui excédait sa part, dans la seconde? — Nous contestons précisément cette dernière proposition. Non, le créancier n'a pas entendu le libérer complétement, ou pour tout ce qui excède sa part dane la dette ; il a voulu seulement le dispenser de payer sa part, ou de faire l'avance de la totalité ; nous l'affirmons ainsi, parce que les libéralités ne se présument pas, et qu'en l'absence d'une manifestation claire et évidente de la volonté du créancier, on n'est pas autorisé à attribuer des effets aussi exhorbitants à la remise dont nous venons de parler. Sans hésiter nous dirons que le débiteur déchargé, doit subir les conséquences de l'insolvabilité de tous ses co-débiteurs.

Nous venons d'étudier les effets que produit la remise de la solidarité, et nous savons que ces effets sont les mêmes, que la remiso soit expresse ou tacite. Il nous reste maintenant à voir quels sont les faits qui font présumer une décharge tacite de la solidarité ; ces faits sont indiqués par les art. 1211 et 1212.

Aux termes de l'art. 1211, le créancier est censé remettre la solidarité à l'un des codébiteurs lorsque : 1° il reçoit de ce codébiteur une somme égale à sa part ; 2° que la quittance qu'il lui en donne, porte que c'est pour sa part ; 3° que la quittance ne contient pas une réserve de la solidarité. Il faut nécessairement que la quittance contienne la mention que la somme reçue a été payée *pour la part* de ce codébiteur, sans cela la loi ne verrait dans ce payement partiel qu'un à compte, et le créancier pourrait demander la totalité de ce qui lui reste dû, soit au même débiteur, soit aux autres. Il n'est pas moins indispensable que la quittance ne réserve pas la solidarité : l'art. 1211, en effet, établit une présomption de renonciation fondée sur l'intention probable du créancier, présomption qui n'est admissible qu'en l'absence de toute déclaration contraire.

Le créancier est encore censé remettre la solidarité au débiteur, lorsqu'il l'a poursuivi *pour sa part* sans avoir réservé la solidarité, et lorsqu'il est intervenu un acquiescement de celui-ci, ou un jugement qui le condamne à payer cette part. Tant qu'il n'y a pas eu ou acquiescement du débiteur, ou jugement qui le condamne à payer cette part, la remise de la solidarité n'est pas effectuée; il y a seulement une offre de remise que le créancier peut retirer, car il n'est lié que lorsque la volonté du débiteur est venue par l'acquiescement donné à sa demande, concourir avec la sienne, ou lorsqu'il est résulté d'une sentence de condamnation, un quasi-contrat judiciaire. Donc jusqu'à ce moment le créancier peut rectifier, augmenter, changer ses conclusions dans le sens du maintien de la solidarité.

Remarquons en passant, qu'il en serait autrement

en matière de cautionnement. Si le créancier a
formé contre une des cautions une demande pour
sa part seulement, il n'est pas nécessaire pour que
la division de son action soit définitivement opérée,
que celle-ci ait acquiescé ou qu'il soit intervenu
contre elle un jugement de condamnation. Le seul
fait d'avoir introduit une action ainsi divisée, suffit
à cet effet. C'est que la division entre simples cautions, est plus favorable que la renonciation à la
solidarité, et que le créancier, dans ce cas, est censé
n'avoir divisé sa demande, que pour prévenir
l'exception de division.

Enfin, le créancier est censé renoncer à la solidarité, s'il a reçu pendant dix ans consécutifs, de l'un
des débiteurs, le payement divisé des intérêts ou
arrérages de la dette (art. 1212). Le payement divisé doit s'entendre ici comme dans le cas de l'article 1211, d'un payement reçu par le créancier *pour
la part du débiteur* qui l'effectue, et sans réserve
tendant à conserver la solidarité. Si ces payements
divisés d'intérêts ou d'arrérages n'ont pas été continués pendant dix ans, la solidarité n'est perdue
que quant aux intérêts dont le payement a été
ainsi fait. L'art. 1212 nous dit que le créancier perd
la solidarité pour les arrérages ou les intérêts échus;
mais il est clair que s'il y a par exemple deux
années d'intérêts échus, le créancier qui a reçu de
l'un des débiteurs le payement divisé de la première annuité, n'aura perdu l'action solidaire
contre ce débiteur, que quant à cette première an-

nuité et non point quant à la seconde. Donc, par
arrérages échus, dans l'art. 1212, il faut entendre
ceux qui font l'objet spécial de la quittance, ceux
en un mot que le débiteur a été admis à payer pour
sa part. On voit que ceci n'est que l'application aux
intérêts échus de la disposition contenue dans
l'art. 1211 relativement au capital. — Des termes
de l'art. 1212 qui exige pour que la solidarité soit
perdue quant aux intérêts à échoir et quant au capital, un payement divisé continué pendant dix
ans, on peut conclure qu'un seul payement qui
comprendrait les intérêts de dix années, ne suffirait
pas; il ne remplirait pas en effet cette condition de
continuité que la loi exige et qui ne peut se ren-
contrer que dans une série de payements. « La continuité dans les termes et dans l'esprit de la loi, dit
fort bien, M. Duranton, tombe sur le payement et
non pas seulement sur le nombre des années dont
les arrérages ont été payés. En effet un ou plusieurs
payements seulement, quoique faits de dix années
d'arrérages, ne témoigne pas aussi fortement de la
volonté du créancier de renoncer à la solidarité
pour l'avenir, qu'une suite de payements continués
pendant dix années et chaque année. » Est-ce à
dire qu'il faille que les payements d'intérêts soient
exactement au nombre de dix, comme le passage
que nous venons de citer paroit le supposer? Il
nous semble que les termes de la loi ne justifient
pas une telle rigueur: ils exigent que le payement
divisé ait été continué pendant dix années. La

point de savoir si l'on peut dire qu'il y a eu payement continué pendant ce laps de temps, nous
parait être une question de fait qui devrait être
laissée à l'appréciation du juge.

Nous avons vu que la remise de la solidarité
accordée expressément à l'un des débiteurs solidaires, aux termes de l'art. 1210, est relative à ce
débiteur, c'est-à-dire qu'elle ne fait point perdre au
créancier son action solidaire contre les autres,
qu'elle oblige le créancier lorsqu'il veut agir contre
un des autres codébiteurs à déduire, dans sa demande, la part de celui qu'il a déchargé de la solidarité. Il en est de même de la remise tacite, quelle
que soit celle des trois circonstances précédemment
indiquées dont elle résulte : ainsi, si le créancier,
en recevant le payement de la portion de l'un des
débiteurs, lui a donné quittance pour sa part, il
conserve son action solidaire contre les autres sous
la déduction de la part de celui qu'il a déchargé de
la solidarité. C'est ce que nous dit expressément
l'art. 1211, et il faut évidemment étendre cette
décision au cas de remise tacite prévu par l'article 1212.

SECTION V

DE LA REMISE DU CAUTIONNEMENT MOYENNANT UN PRIX

Dans l'ancien droit, c'était une question *célèbre*, de savoir si lorsqu'une personne s'était rendue caution pour un débiteur à qui une somme d'argent avait été prêtée, le créancier pouvait non seulement dans le for extérieur, mais même dans le for de la conscience, recevoir quelque chose de la caution pour la décharge de son cautionnement, et exiger ensuite du débiteur principal la somme entière qui lui avait été prêtée, sans rien imputer de ce qu'il avait reçu de la caution. Dumoulin se prononçait pour l'affirmative, pourvu que, au moment où la caution était déchargée, il y eût sujet de craindre l'insolvabilité du débiteur principal. « et sic concludo, (disait en effet le grand jurisconsulte après avoir discuté la question) quod si subest imminens periculum sortis et reditus in personâ debitoris, non est reprobandum quod creditor aliqvid accipiat à fidejussore, quem non solum obligatione, sed etiam periculo eximit :

cessante vero probabili periculo, injuste accepit,
nisi alia justa causa accedat, ut quia contempla-
tione fidejussoriæ cautionis minorem reditum
emerat. »

Pothier adoptait la même distinction et il ajoutait : c'est un contrat aléatoire qui est intervenu
entre les deux parties, et le gain réalisé par le
créancier est très-licite ; il est le prix du risque dont
il a bien voulu se charger à la place de la caution :
le débiteur ne peut s'en plaindre, ni le fidejusseur.
Le débiteur principal ne le peut, car il n'y a aucun
intérêt ; il n'a payé que ce qu'il devait, et rien au
de là ; le fidéjusseur ne peut non plus s'en plaindre, car s'il a donné une valeur excédant la somme
qu'il devait, le créancier lui en a donné l'équivalent en se chargeant à sa place du risque de l'insolvabilité (Obligations nᵘ 618).

La doctrine de Dumoulin et de Pothier paraît
pleine de raison et de vérité : il est juste, en effet,
que le créancisr reçoive une valeur pour le dédom-
mager des risques d'insolvabilité qu'il prend à sa
charge ; il est juste aussi que la caution fasse un
sacrifice pécuniaire pour se soustraire au danger
dont elle menacée. On pourrait même aller plus
loin, écarter la distinction et décider que toujours
le créancier peut licitement, en déchargeant la caution, recevoir d'elle quelque chose, car selon nous,
le droit du créancier est toujours appréciable à
une certaine valeur, supérieure s'il y a des craintes
d'insolvabilité, inférieure, s'il n'y en a pas actuel-

lement ; en effet, le débiteur aujourd'hui solvable, sera demain peut-être insolvable ; donc, sans distinguer, il existe toujours un danger pour le créancier à abandonner ses sûretés, surtout si le terme de l'exigibilité est éloigné.

Cependant l'opinion aussi juridique qu'équitable de Dumoulin et de Pothier, a été repoussée par les rédacteurs du Code civil. L'art. 1283 dispose formellement que : « Ce que le créancier a reçu d'une caution pour la décharge de son cautionnement, doit être imputé sur la dette, et tourner à la décharge du débiteur principal et des autres cautions. » — Ainsi la caution est affranchie de son obligation, et le contrat est déclaré valable, en ce qui la concerne. Mais en ce qui concerne le créancier, le contrat est nul ; celui-ci perd sa garantie, le risque de l'insolvabilité du débiteur a passé, de la tête de la caution, sur sa tête, et en retour il n'a rien obtenu. Comment expliquer une pareille disposition ?

Au conseil d'État, M. Bérenger avait reproduit la pensée de Pothier. La disposition présentée, devenue l'art. 1280, fut défendue par M. Treilhard, qui la trouvait conforme aux principes de la justice et à l'esprit du contrat de cautionnement. Elle est conforme aux principes de la justice, disait M. Treilhard, car le créancier, en prenant une caution, n'a d'autre objet que de pourvoir à la sûreté de sa créance ; or, lorsqu'il reçoit, cet objet est rempli jusqu'à concurrence de la somme qu'il recouvre. Enfin, selon le même conseiller d'État, les lois réputent tout cautionnement gratuit et officieux, et par ce motif elles accordent de la faveur aux cautions : la moindre est de faire tourner à leur profit le remboursement partiel qui diminue réellement la dette.— Nous ne saurions trouver juste, que, par la force de la loi et malgré l'intention des parties, l'une d'elles recueille ce grand avantage d'être déchargée du cautionnement sans rien fournir en retour, et que le créancier perde sans dédommagement. Ajoutons en outre, que cette doctrine inique se tournera contre les cautions, et sera par suite, en opposition avec l'esprit de ce contrat, car, s'il n'y a qu'une caution elle ne sera jamais déchargée, vu l'intérêt évidemment contraire du créancier; et s'il y a plusieurs cautions, comment croire qu'elles profiteront d'une décharge réglée part l'art. 1288, décharge très-invraisemblable puisqu'elle blesse les droits du créancier ?

Dans l'exposé des motifs, M. Bigot-Préameneu, tout en déclarant *spécieuse*, l'opinion de Dumoulin et de Pothier dans le cas où l'insolvabilité du débiteur principal était à craindre, la repoussa en se fondant sur la nécessité d'empêcher des recherches toujours difficiles sur le bon ou le mauvais état des affaires du débiteur, au moment où la convention de décharge a eu lieu entre la caution et le créancier. Tel a été, en effet, le motif déterminant du législateur lorsqu'il a édicté une disposition qui viole d'une manière si arbitraire la liberté des conventions.

En présence de l'iniquité de cette doctrine, quelques, auteurs, (notamment M. Demante dans son son programme, t. V n° 238), ont essayé de faire prévaloir cette opinion, que l'art. 1288 ne renferme qu'une disposition interprétative de l'intention des parties. D'après eux, le créancier devrait être admis à prouver contre le débiteur principal et les autres cautions, qu'il a été bien entendu, entre la caution et lui, que la somme qu'il recevait de celle-ci, était bien le prix de la décharge qu'il lui accordait, et qu'elle ne devait pas être imputée sur la dette. A fortiori ces auteurs autoriseraient le créancier à écarter l'application de l'art. 1288 en expliquant formellement ainsi, dans l'acte, le caractère de la convention.

Mais il est certain, d'après l'expression du texte (*doit être imputé*), et surtout d'après les discussions au conseil d'État que nous avons rapportées, qu'on n'a pas voulu laisser aux parties la liberté de leur convention. La loi est rigoureuse, mais il faut l'observer : *dura lex sed lex.*

Mais supposons qu'un créancier en déchargeant sa caution moyennant un prix, a stipulé expressément que la convention sera résolue, si le débiteur demande l'imputation de la somme payée par la caution, et que en conséquence, la caution devra être considérée comme n'ayant jamais été déchargée de son cautionnement ? Pourra-t-on, au moins reconnaître valable une pareille clause ? M. Demolombe répond affirmativement : la convention, dit-il, a été faite comme cela et pas autrement ; elle est donc indivisible dans toutes ses parties ; et si elle tombe, c'est toute entière qu'elle doit tomber. C'est bien assez que dans le silence du contrat, lorsqu'il ne renferme pas une condition résolutoire, la caution se trouve déchargée de son cautionnement, sans qu'il lui en coûte rien, (puisqu'elle a contre le débiteur principal, un recours pour la somme qu'elle a payée au créancier). C'est bien assez surtout que dans ce cas, le créancier perde la garantie du cautionnement, sans recevoir l'équivalent moyennant lequel seulement il avait consenti à y renoncer. Du moins, ne faut-il pas étendre ces exorbitantes conséquences au cas où le créancier a pris le soin de stipuler la condition résolutoire que nous supposons. (Traité des contrats t. V. p. 341).

Mais si l'imputation est demandée par le débiteur principal ou les autres cautions, suivant quelles règles devra-t-elle être faite? Si la dette consiste en une somme d'argent et si c'est aussi une somme d'argent que la caution a payée, point de difficulté. Mais si la dette consiste en une somme d'argent et que la caution ait payé au créancier un corps certain, il faudra estimer la chose donnée pour en déduire la valeur, du total de la dette. On arrivera alors à ce résultat que le créancier sera payé en argent pour une fraction de la créance, et pour l'autre fraction, en une valeur d'une nature toute différente, résultat contraire à l'art. 1243. Cela est vrai, mais nous ne voyons pas comment on pourrait procéder autrement.

Si enfin la dette consiste en un corps certain, et que la caution ait payé une somme d'argent, le débiteur principal et les autres cautions, pourront obliger le créancier à recevoir le total de la prestation qui forme l'objet de la dette, sans que celui-ci puisse, de son côté, les forcer à en déduire la somme ou la valeur de la prestation qu'il a reçue de la caution. En effet, le débiteur principal et la caution avaient le droit d'acquitter l'obligation tout entière, comme ils l'avaient contractée, et le créancier n'a pas pu leur enlever ce droit par un arrangement particulier conclu avec la caution. Le créancier aura reçu ainsi plus qu'il ne devait, et il devra le rendre à la caution déchargée qui aura contre lui la répétition de l'indû.

SECTION VI

DE LA REMISE FORCÉE

§ 1er. *Nature du concordat.*

La remise de la dette, dont nous avons parlé jusqu'ici, est un acte purement volontaire, librement consenti par le créancier au profit du débiteur. Mais il arrive aussi que le créancier se trouve, contre son gré, contraint d'accorder à son débiteur la remise d'une fraction de ce qui lui est dû,

Cela se produit dans l'hypothèse d'un concordat intervenu entre le débiteur failli et ses créanciers.

Le concordat est un traité par lequel les créanciers d'un commerçant failli le remettent à la tête de ses affaires, avec des conditions convenues, lui font remise d'une portion de leurs créances, ou lui accordent des délais pour se libérer. Quand il arrive au contraire, que les créanciers se forment *en état d'union*, ils se distribuent entre eux toute la fortune du débiteur.

Telles sont les deux voies que la loi ouvre aux créanciers pour mener à fin les opérations de la faillite ; il faut remarquer toutefois que le concordat est le but naturel de la loi des faillites, tandis que l'union n'en est que l'exception, car l'union offre toujours les chances d'une liquidation difficile, embarrassée ; tandis que le concordat, s'il oblige les créanciers à sacrifier une partie de leurs droits, les met du moins à même de recevoir plus tôt la portion qui leur est garantie par ce contrat.

L'Italie, qui fut le berceau du droit commercial moderne, donna naissance au concordat. Les lois de Venise, de Gênes, de Florence, de Naples, en fondant la plupart des lois principales de la faillite, admirent le failli a conclure un traité avec ses créanciers représentés par les syndics. — En France, il en est question, pour la première fois, dans une ordonnance royale de 1609.

§ 2. *Convocation et assemblée des créanciers.*

D'après la loi de 1838 modificative de la loi des faillites, la convocation est faite par le juge commissaire, et non plus par les syndics, comme cela se pratiquait autrefois. On a craint que des syndics intéressés dans la faillite ne prévinssent point les créanciers qu'ils sauraient opposés à leur avis.

La convocation des créanciers se fait par lettres et par insertions dans les journaux. On n'admet à l'assemblée que les créanciers qui ont fait vérifier et ont affirmé leurs créances.

Le failli doit être appelé à l'assemblée ; on lui envoie une sommation par huissier. En l'absence du failli ou de son représentant, la conclusion du concordat nous paraît impossible (Pardessus, Renouard). Le concordat en effet n'est point un acte passé entre les créanciers seulement ; c'est un traité débattu et consenti entre le failli d'une part et ses créanciers d'autre part. On ne peut des lors concevoir la formation d'un concordat dans lequel le failli ne figurerait pas comme partie contractante. Si le failli ne comparait pas à l'assemblée, les créanciers peuvent, ou bien surseoir à statuer, ou bien se constituer dès à présent en état d'union.

Il y a préalablement au vote du concordat, des préliminaires indispensables ; les syndics déposent un rapport qui est discuté ; puis a lieu la délibération sur le projet de concordat proposé par le failli. Du reste, tout traité consenti entre les créanciers délibérants et le failli peut être déclaré nul, si les formalités suivantes n'ont été, au préalable, observées : *Rédaction du bilan, vérification des créances, inventaire.*

§ 3. *Vote du concordat.*

On n'a jamais exigé pour le concordat le consentement de tous les créanciers. Sous l'ordonnance de 1673, une seule condition était exigée, sous peine de nullité, à savoir : la réunion des trois quarts en sommes des créanciers du failli. Le système de l'ordonnance qui fait prédominer l'intérêt, se conçoit aisément : entre le failli et chaque créancier, il n'y a, en effet, qu'un lien de créance, non de personne, et c'est en proportion du chiffre de sa créance que chacun des créanciers doit subir la réduction qui sera consentie par le concordat.

Le législateur de 1808 a, sur ce point, sagement innové en exigeant en outre le concours d'un nombre de créanciers formant la majorité ; si le nombre

des créanciers s'élève à 20, il faut une majorité de
11 voix ; plus la majorité en sommes, c'est-à-dire,
si le passif vérifié, affirmé et admis par provision
forme un total de 100,000 fr., il faut que les
11 créanciers représentent 75000 fr. de créances.
Dans ce système, les deux majorités se servent l'une
à l'autre de contrepoids. Le législateur a conservé
la majorité en sommes, dans l'intérêt des petits
créanciers. — L'expérience a prouvé l'exellence de
ce système, car il n'a donné lieu à aucune critique
lors la révision du titre des faillites en 1838.

Po. calculer la majorité en sommes, il faut cal-
culter toutes les créances vérifiées, affirmées ou
admi par provision.

1. .ajorité en nombre doit-elle se compte r sur le
n ore total des créanciers qui ont fait vérifier et
ffirmer leurs créances, ou sur le nombre de ceux
qui étoient présents au vote? Chacune des deux solutions a pour elle l'appui de savants auteurs et de
plusieurs arrêts.

Pour établir qu'on doit ne tenir compte que des
créanciers présents, on fait remarquer que l'art.507
contient les mots : créanciers *délibérants*, ce qui,
dit-on, est synonime de créanciers *présents*. A notre
avis, ce mot n'a pas le sens qu'on veut bien lui donner. Il est évident que le concordat ne peut être
consenti qu'entre le failli et les créanciers qui *déli-
bèrent*, qui écoutent ses propositions et les accep-
tent ou les rejettent ; voilà tout ce que veut dire le
mot que l'on invoque. Les partisans de ce sys-

tème invoquent encore cette idée que dans une délibération où il s'agit de sacrifices pécuniaires à s'imposer, l'intérêt, c'est-à-dire le chiffre des créances, doit seul être pris en considération, comme il l'était sous l'empire de l'ordonnance ; que dès lors toute disposition tendant à contrebalancer l'influence des sommes, doit être entendue dans un sens restrictif. Ils ajoutent que s'il fallait compter tous les créanciers, la conclusion du concordat que la loi favorise, serait dans bien des cas rendue impossible ; que, du reste, les créanciers absents, en ne comparaissant pas, s'en sont implicitement rapportés à la décision des créanciers présents, et que, partant, ils ne peuvent se plaindre de ce qu'on ne les compte pas. — Ce sont là des considérations, bonnes sans doute pour corroborer une opinion déjà solidement établie, mais impuissantes à fonder par elles seules un système.

L'opinion qui tient compte de tous les créanciers vérifiés et affirmés ou admis, nous paraît préférable. Elle est, ce nous semble, la conséquence forcée de cette règle, qui n'est contestée par personne, que la majorité en sommes se calcule sur toutes les créances vérifiées ou admises, sans distinguer si leurs titulaires sont présents ou absents. En raison, il est impossible de séparer la créance de la personne du créancier : car il y a quelque chose d'indivisible entre être créancier et l'être de telle ou telle somme.

Si l'on admet la créance à la délibération, la logique

contraint d'y admettre aussi le créancier. On peut d'ailleurs invoquer à l'appui de ce raisonnement, un argument tiré de l'art. 508. Ce texte porte que les créances hypothécaires ne comptent point pour déterminer la majorité en sommes ; tout le monde en conclut que le créancier hypothécaire ne compte pas quand il s'agit de fixer la majorité en nombre. Pourqnoi, dès lors, quand il est constant que toutes les créances vérifiées ou admises, sans distinction, comptent pour la majorité en sommes, ne pas en conclure que les titulaires de toutes ces créances doivent compter pour la formation de la majorité en nombre ?

Il est bien vrai que l'art. 522 du Code de 1808 donnait une solution contraire à celle que nous soutenons ; mais ce texte a été remanié en 1838. A cette rédaction : « si la majorité des créanciers *présents* consent au concordat, mais ne forme pas les trois quarts en sommes, la délibération sera remise à huitaine », on a substitué la suivante : « s'il est consenti seulement par la majorité en nombre, ou par la majorité des trois quarts en sommes, la délibération... (art. 309) » La suppression du mot *présents* n'indique-t-elle pas clairement la pensée du législateur? Qui oserait soutenir que tout en supprimant le mot essentiel qui servait de fondement à l'ancienne théorie, le législateur a néanmoins voulu la maintenir?

D'ailleurs, lorsque le législateur a voulu que la majorité des créanciers présents fut prise en con sidération, il l'a formellement exprimé, comme cela résulte de l'art. 530, en matière de secours à accorder au failli.

Ajoutons que l'art. 532 relatif au mandat que les créanciers peuvent donner aux syndics de continuer l'exploitation de l'actif de la faillite, exige, pour la délibération qui leur confère ce mandat, la majorité des trois quarts en sommes et en nombre : or, on a toujours admis que cette double majorité des trois quarts devait être calculée sur l'universalité des créances et des créanciers.

Mais, dit-on dans le système adverse, les créanciers absents ont été convoqués pour consentir au concordat ; ils ne comparaissent pas, ils se taisent, *qui tacet consentire videtur*, leur silence est manifestement une adhésion aux propositions d'arrangement du failli.

Il nous paraît au contraire manisfeste, que celui-là repousse toute idée d'arrangement, qui ne se met point en mesure de débattre, consentir et signer le concordat.

D'autres questions s'élèvent encore sur la manière de supporter la majorité en nombre.

Un mandataire comptera pour une ou plusieurs voix, suivant qu'il représentera un ou plusieurs créanciers. Cela est certain.

Mais supposons qu'une même personne s'est rendue cessionnaire des droits de plusieurs créanciers, aura-t-elle acquis, avec la créance de chacun d'eux, le droit qu'il avait de prendre part au vote du concordat, et par suite aura-t-elle autant de voix qu'il y a de créanciers cédants?

Si les cessions sont antérieures au jugement déclaratif, il est clair que, quel que soit le nombre des cessions et des cédants, le cessionnaire n'aura qu'une voix; car, au moment où le chiffre du passif s'est trouvé fixé, il n'y avait qu'un seul titulaire de toutes les créances cédées; toutes ces créances étaient représentées par un seul créancier qui n'aura par conséquent qu'une seule voix.

Si les cessions ont eu lieu depuis le jugement déclaratif ou même depuis la vérification des créances, on pourrait être tenté de dire que le créancier succédant au droit qu'avaient les créanciers primitifs, peut l'exercer comme ils l'auraient pu eux-mêmes, voter en leur lieu et place. Ils auraient pu, en effet, exercer leur droit par des fondés de pouvoir, qui auraient eu le droit d'émettre chacun leur vote. Or, le cessionnaire n'est-il pas mandataire de chacun des cédants ? — Cette considération a certainement quelque chose de spécieux ; mais la conclusion qu'on en tire ne nous paraît pas fondée. En effet, après le jugement déclaratif, sans doute le nombre des créanciers ne peut augmenter, mais il peut très-bien décroître. C'est en vue de le diminuer qu'on a introduit la vérification et l'affirmation des créances. Et il diminuera de fait par la cession que différents créanciers feront de leurs droits à une seule et même personne : car cette personne ne constituera réellement qu'un seul créancier. Or, d'une part, le droit de participer au vote est la conséquence de la qualité de créancier ; mais d'autre part, quelle que soit la cause qui lui a donné naissance, un créancier ne peut jamais avoir qu'une voix (Cass. 24 mars 1840).

En sens contraire, supposons qu'un créancier cède par fractions sa créance à diverses personnes; chacune de ces personnes aura-t-elle une voix distincte au concordat? L'affirmative est incontestable, si les cessions ont eu lieu avant le jugement déclaratif : car chacun des cessionnaires a été inscrit au passif comme créancier personnel de la somme qui lui a été cédée. Mais, si les cessions n'ont eu lieu que depuis ce jugement ou depuis la vérification des créances, nous appliquerons le principe qu'après le jugement déclaratif le nombre des créances ne peut s'accroître. Or, au moment du jugement déclaratif, la créance appartenait à un seul individu qui ne pouvait avoir qu'une seule voix. Le créancier n'a pas pu par son fait changer cette situation. S'il en était autrement, un seul créancier pourrait augmenter à volonté le nombre des votants.

L'art. 508 a pour but d'éloigner de la délibération relative à la formation du concordat, ceux des créanciers qui n'ont pas un intérêt assez direct, pour balancer, avec impartialité, les propositions du failli : tels sont les créanciers privilégiés ou hypothécaires.

Pourtant, à la différence des créanciers non vé

rifiés, les créanciers dont nous parlons sont appelés à la délibération (Cass. 24 août 1838); mais ils ne peuvent participer au vote. Voici pourquoi : d'une part, ces créanciers, sûrs d'être payés avant les autres, sont présumés pouvoir plus facilement consentir des sacrifices qui ne péseraient pas sur eux; et, d'autre part, ils ne sont pas tenus de se soumettre aux réductions des créances et aux atermoiements que votera la majorité.

La disposition de notre article fait supposer que les créanciers qui n'ont d'hypothéques que pour quelques unes de leurs créances, peuvent pour les autres, en faisant prudemment leurs réserves, prendre part au vote.

Le vote au concordat emportera de plein droit de la part de ces créanciers, renonciation aux priviléges, gages ou hypothéques qui garantissaient leurs créances (art. 507. c. m.); il faut toutefois que cette renonciation soit autorisée ; nous pensons en conséquence qu'un tuteur ne peut voter à un concordat, et par suite renoncer à l'hypothèque qui garantit la créance de son mineur, sans l'autorisation du conseil de famille (art. 457. 458 CC.); car le tuteur n'a pas capacité pour aliéner les droits du mineur, et consentir une transaction, sans l'observation des formalités prescrites.

Mais cette renonciation faite par le créancier à son droit de préférence est-elle définitive, absolue? Notre avis est qu'elle est soumise, comme toutes les conventions synallagmatiques, à la condition réso-

lutoire en cas d'inexécution de l'obligation corréla-
tive : si donc le concordat est résolu pour cause
d'inobservation des conditions, si le tribunal refuse
de l'homologuer, nous pensons que le créancier doit
rentrer dans la plénitude de son droit de préférence.

Toutefois, il y aurait lieu de douter, si le concordat était refusé, parce que la double majorité de
l'art. 507 n'a pas été obtenue; car le susdit art. 508
semble bien disposer qu'indépendamment de la
non adoption du concordat, le créancier ne peut
ressaisir son privilège, une fois qu'il l'a abandonné
en participant au vote.

Comme il arrive souvent que le créancier hypothécaire voit l'immeuble sur lequel il compte, ab-
sorbé en tout ou en partie, par les frais d'ordre et
d'expropriation, ou son hypothèque primée par une
autre plus ancienne, la disposition de l'art. 508
peut paraître injuste : pourquoi, en effet, ne pas
admettre en pareil cas ce créancier à délibérer avec
les créanciers chirographaires pour l'excédant de sa
créance sur la valeur de l'immeuble hypothéqué ?
Le tribunat avait, en effet, pensé qu'un créancier
hypothécaire qui n'avait de chance d'être colloqué
que pour une partie de sa créance, pouvait se prétendre créancier chirographaire pour le surplus et
voter au concordat en cette qualité. — Mais cette
idée n'a pas été convertie en disposition légale, et il
y a peut-être lieu de le regretter.

Lorsque toutes les règles que nous venons d'indiquer ont été observées, le juge-commissaire pro-

cède à l'appel des noms, reçoit les votes et proclame le résultat.

La délibération peut avoir plusieurs issues :

1° Les deux majorités voulues par la loi ont été réunies en faveur du concordat. Le concordat est voté, il doit alors être signé séance tenante, afin, disait M. Regnaud de Saint-Jean d'Angely au conseil d'État, que l'on ne puisse pas colporter des concordats sur lesquels on obtient des signatures par faiblesse, séduction ou corruption. Dès lors, il y a un véritable contrat littéral formé entre les parties.

2° L'une des deux majorités seulement a été obtenue ; la délibération est remise à huitaine : une nouvelle convocation a lieu pour cette seconde assemblée. Quel qu'il soit, le résultat obtenu sera définitif.

3° La proposition de concordat n'a obtenu ni la la majorité en nombre. ni la majorité des trois quarts en sommes ; dans ce cas, la proposition est rejetée : on entre de plein droit dans l'état d'union.

§ 4. *Homologation. — Opposition.*

Pour que le concordat soit obligatoire. il faut qu'il soit homologué par le tribunal de commerce. L'omologation doit être poursuivie par la partie la plus diligente, soit le failli, soit la masse représentée par le syndic.

Le tribunal ne pourrait homologuer le concordat en le modifiant ; il n'a que le droit de l'accepter ou de le refuser. Son devoir est d'apprécier si le failli mérite ou non la grâce sollicitée, si les règles prescrites ont été observées, par exemples si les deux majorités ont été obtenues. — A titre de protecteur des créanciers absents, il doit encore examiner les conditions du concordat, et rechercher si elles les protégent suffisamment.

Tous les créanciers qui avaient le droit de participer au vote du concordat, peuvent y faire opposition ; de même ceux qui au moment du vote n'avaient pas ce droit, mais qui ont fait depuis vérifier et affirmer leurs créances. L'opposition doit être notifiée au failli et à la masse des créanciers représentée par les syndics ; elle contient assignation à comparaître à l'une des premières audiences, et doit être motivée. Si l'on a choisi pour syndic un créancier, et qu'il fasse opposition, le tribunal nommera un syndic *ad hoc* pour recevoir l'opposition. Elle doit être faite dans un délai de huitaine pendant lequel le jugement d'homologation ne peut intervenir. — Aujourd'hui le même jugement statuera sur l'homologation et l'opposition ; mais le tribunal conserve néanmoins le droit de refuser séparément la seconde. — Le jugement est susceptible d'appel dans la quinzaine : L'art. 519, Cod. com., le suppose, puisqu'il dit que le jugement a besoin de passer en force de chose jugée. — L'appel peut être interjeté par ceux qui ont voté, quand l'homologation est refusée; par ceux qui ont formé opposition, si l'homologation a été accordée. Mais s'ils n'ont pas fait opposition, ils ne conservent pas le droit d'interjeter appel.

Après le refus d'homologation, peut-on convoquer les créanciers pour statuer sur un nouveau concordat ? Si le refus est fondé sur l'absence des majorités, on ne peut recommencer ; mais il en serait autrement, si le refus d'homologation provenait de l'inobservation des délais.

§ 5. *Effets du concordat.*

Avec la majorité exceptionnelle de l'art. 507, destinée à le former, et avec l'homologation qui lui donne la vie, le concordat devient, non pas un contrat proprement dit, mais un traité qui présente, à la fois, un caractère conventionnel et judiciaire. — De plus, toutes ces formalités que nous venons de citer, sont évidemment exclusives du caractère de libéralité : le failli concordataire n'est pas un donataire. Le créancier qui consent à un concordat sauve ce qu'il peut du naufrage ; son intention n'est pas de faire une libéralité; loin de là, il espère trouver en dévidendes promis, plus que ne lui donnerait une distribution au marc le franc de l'actif du débiteur réalisé et vendu par les soins des syndics.

1º Le concordat restitue le plus souvent au failli, la dispos...on de ses biens, et lui accorde, soit des délais pour se libérer, soit des remises : ce traité offre en...tre cette particularité, qu'il peut être opposé à tous les créanciers. Il faut bien qu'il en soit ainsi ; car, s'il y en avait un seul, qui en fut affranchi, il aurait le droit de demander que la procédure de la faillite suivît son cours, et dès lors il n'y aurait pas de concordat possible. Ce principe est certain. Il avait cependant été révoqué en doute sous l'empire de l'ancien texte du Code, du moins à l'égard de certains créanciers, notamment des créanciers non portés au bilan ; mais aujourd'hui il a été mis hors de toute contestation par l'art. 516 qui déclare que le concordat dûment homologué, est obligatoire pour tous les créanciers, aussi bien pour les créanciers non portés au bilan que pour ceux qui y sont portés, aussi bien pour les créanciers non vérifiés que pour les créanciers vérifiés, enfin pour les créanciers domiciliés hors du territoire continental de la France, et ceux qui ont été admis par provision, quelle que soit la somme que le jugement définitif leur attribue ultérieurement.

Toutefois, nous rappelons ici que les créanciers hypothécaires ou privilégiés qui n'ont pas renoncé à cette qualité peuvent agir intégralement sur l'objet qui leur sert de garantie.

3º On sait que le dessaisissement produit par la faillite, ne suspend que momentanément l'exercice du droit de propriété, d'où la conséquence que si le

failli est remis à la tête de ses affaires par un concordat, le failli reprend l'exercice de son droit **de**
propriété, sans qu'un jugement soit nécessaire pour
l'y réintégrer. Ce n'est plus contre les syndics que
les actions mobilières ou immobilières doivent être
dirigées, mais contre le failli lui-même. Toutes les
dettes qu'il contractera par la suite, seront obliga-
toires vis-à-vis de la masse et ne subiront point la
réduction faite par le concordat, comme les créances
antérieures au jugement déclaratif. Mais remarquons bien que si, antérieurement à la **faillite**, le
failli avait contracté une dette conditionnelle qui
vienne à se réaliser après le jugement d'homologation, cette créance serait réduite au dividende.

Malgré le concordat, le failli reste sous le coup
d'incapacités; c'est ainsi qu'il ne peut se présenter
à la Bourse sans être réhabilité.

Il arrive fréquemment que le failli ne reprend la
direction de ses affaires qu'avec de certaines restrictions que commande aux créanciers le peu de garantie morale qu'offre leur débiteur.

C'est ainsi qu'il peut être décidé dans le concordat,
que le failli ne pourra administrer sans l'assistance
de commissaires; que sans leur consentement
exprès, il ne pourra disposer d'une partie quelconque de l'actif dévolu à la masse; et on a jugé
qu'un créancier postérieur à la faillite ne pourrait se
prévaloir, au préjudice de la masse, de la cession
qui lui aurait été faite sans ce consentement, par le
failli concordataire, d'une créance appartenant à

son actif, lors même qu'il alléguerait avoir contracté de bonne foi et dans l'ignorance de la faillite
(Bruxelles, 21 juin 1820). — Le plus souvent les
créanciers font, dans le concordat, le sacrifice d'une
partie de leur créance ; ils remettent, par exemple,
50 ou 25 pour cent à leur débiteur. Le failli reste
donc engagé pour 50 ou 75 ; mais sera-t-il tenu civilement ou commercialement ? — C'est une question à examiner ; en voici l'intérêt : si, dans la
masse des créanciers, il s'en trouve un dont la
créance soit civile, pourra-t-il, si son dividende ne
lui est pas payé, poursuivre son débiteur failli devant la juridiction commerciale ? En d'autres termes
sa créance est-elle novée ? — Nous inclinons à penser,
que, par l'effet du concordat, le droit primitif de
chaque créancier se trouve éteint, et qu'un droit
nouveau vient s'y substituer. Ce qui nous déter-
mine à le décider ainsi, c'est la raison suivante : le
concordat est obligatoire tant pour les porteurs de
titres civils que pour les créanciers commerciaux.
Or s'il n'y a qu'une catégorie de créanciers quant à
la remise forcée, comment pourrait-il y en avoir
deux quant à l'exécution ? — Cependant nous devons avouer que l'opinion contraire s'appuie sur
des arguments d'une grande force.

Pour la fraction de la dette dont il a obtenu remise, le failli n'est plus tenu que d'une obligation
naturelle : de telle sorte que le créancier du failli
qui devient son débiteur depuis l'ouverture de la
faillite ne peut compenser sa dette que jusqu'à con-

currence de la partie de sa créance maintenue par le concordat.

La caution profite-t-elle de la remise accordée au débiteur failli ? — Supposons un créancier d'une somme de 100,000 francs garanti par une caution ; le débiteur principal tombe en faillite ; par un concordat il lui est accordé une remise de 50 pour cent. La caution poursuivie par le créancier pourra-t-elle se prétendre libérée jusqu'à concurrence de la portion remise, 50 000 fr. dans l'espèce ? — Telle est la question : les rédacteurs de la nouvelle loi l'ont tranchée de la façon suivante : « nonobstant le concordat, les créanciers conservent leur action pour la totalité de leur créance contre les co-obligés du failli. » (art. 545.) On est parti de cette idée très-juste que l'art. 1287, premier alinea, (Code civil), n'est pas applicable en cette matière, attendu que la remise résultant du concordat n'est ni volontaire, ni faite *animo donandi*, et qu'elle est toujours censée accordée en vue spéciale des nécessités qu'impose l'état des affaires du débiteur. C'est, en effet, une exception toute personnelle au failli, et qui ne peut être invoquée par la caution.

On pourrait objecter que la caution doit profiter du bénéfice du concordat, par ce motif qu elle ne peut être obligée en plus que le débiteur principal. Il est facile de répondre que la dette subsistant toujours naturellement pour la partie remise par le concordat, il y a là un fondement suffisant pour l'obligation de la caution.

Il importe peu, du reste, que le créancier ait voté ou non le concordat. Cette distinction, proposée par Cujas, d'après la loi 58 § 1, *mandati* Dig., est inutile : même en votant le concordat, le créancier n'a pas entendu faire de libéralité. Il n'a consulté que son intérêt ; or, il est de son intérêt le plus manifeste de recourir contre la caution.

Mais la caution, lorsqu'elle aura payé, aux termes de l'art. 545, la portion remise par le concordat, dans notre hypothèse la somme de 50,000 fr, la caution, disons-nous, pourra-t-elle répéter cette cette somme du failli concordataire, au moyen d'une action récursoire? Non : la question n'est pas tranchée expressément par la loi, mais le but de la loi a été de venir au secours du commerçant malheureux et de bonne foi : or ce but serait manqué, si les cautions et les débiteurs solidaires pouvaient exercer leur recours contre le failli à raison de ce qu'ils auraient payé. Le débiteur ne profiterait pas de la réduction qui lui a été consentie.

QUESTION. — La somme dont le concordat a libéré le débiteur est-elle soumise au rapport? — Prenons une espèce : un père prête à son fils commerçant la somme de 100,000 fr ; le fils étant tombé en faillite, un concordat lui est accordé qui lui fait remise de 50 p. 100. Si dans la suite, le fils se présente à la succession de son père, sera-t-il tenu de rapporter les 50,000 fr. dont il lui a été fait remise?—

Trois opinions se sont produites sur ce point : — Première opinion : le rapport n'est jamais dû ; en effet il n'y a pas eu donation des 50,000 fr., tout le monde en convient ; mais il n'y a pas non plus dette de cette somme ; donc aucune raison de droit n'auterise les co-héritiers du concordataire à exiger le rapport. — Deuxième opinion : le rapport peut être demandé, car il n'est pas exact de dire que le failli soit absolument libéré de ' ortion de ses dettes dont il a obtenu remise : il en reste débiteur aux yeux de la loi positive elle-même, puisque cette loi subordonne la réhabilitation et la cessation des incapacités résultant de la faillite, au payement intégral de toutes ses dettes, sans tenir compte de la remise du concordat. Sans doute le concordat doit être respecté et le débiteur ne doit pas être poursuivi : aussi n'exigera-t-on de lui qu'un rapport en moins prenant. — Troisième opinion : on se place au moment où le père a fait le prêt à son fils ; et on recherche si dans cette opération il a voulu faire une spéculation, ou aider son fils qui se trouvait dans une situation embarrassée. Dans le premier cas, le rapport pas dû ; il est au contraire dû dans le second. — De ces trois opinions la première seule est logique ; mais la troisième, quoique un peu arbitraire, est très-équitable ; aussi est-elle suivie par la jurisprudence.

L'homologation produit encore cet effet, de conserver à chacun des créanciers sur les immeubles du failli, l'hypothèque inscrite en vertu du troisième paragraphe de l'art. 490 du Code de commerce, c'est-à-dire l'hypothèque prise au nom de la masse, sur les immeubles du failli dont les syndics connaissaient l'existence.

§ 6. *Du concordat par abandon d'actif.*

La loi du 17 juillet 1856 s'exprime ainsi : art. 541, modif. — « Aucun débiteur commerçant n'est recevable à demander son admission au bénéfice de cession de biens ; néanmoins, un concordat par abandon total ou partiel de l'actif du failli peut être formé suivant les règles prescrites par la section 2 du présent chapitre ; ce concordat produit les mêmes effets que les autres concordats, il est annulé ou resolu de la même manière. — La liquidation de l'actif abandonné est faite conformément aux paragraphes 2, 3, 4 de l'art. 529, etc... »

De là, il résulte que l'on peut définir le *concordat par abandon*, un traité qui a lieu entre le failli de bonne foi et ses créanciers, et qui a pour résultat de libérer le failli, par l'abandon de ses biens, de lui restituer sa capacité contractuelle, et de l'affranchir de la contrainte par corps sans jugement d'excusabilité. — Ce traité doit être consenti par la majorité des créanciers en nombre, et des 3/4 en sommes. Il doit être homologué par le tribunal de commerce ; ensuite, il est obligatoire pour tous les créanciers.

Quoique la loi de 1838 ait fait disparaître pour les commerçants, la cession de biens judiciaire, le législateur de 1856 a présenté les dispositions de la nouvelle loi sur le concordat, comme une sorte de rétablissement indirect de cette cession ; mais des différences profondes existent entre la cession de biens et le concordat dont nous parlons : 1º le concordat par abandon, résulte, comme tout autre concordat, d'un accord entre le failli et la majorité de ses créanciers ; la cession de biens, au contraire, d'une décision de la justice. 2º La cession de biens n'affranchit le débiteur que de la contrainte par corps, tandis que le concordat par abandon lui procure sa libération complète. Donc, puisque ce nouveau concordat n'est qu'une modification de l'ancien, il aurait dû être rattaché à l'art. 519 et non prendre la place de l'art. 541.

L'abandon peut être total ou partiel. — Par l'abandon, le failli ne reprend pas la direction de ses affaires, comme dans le cas d'un concordat ordinaire ; il n'administre plus ses biens. Pourtant, il ne perd point la propriété des biens abandonnés, ses créanciers n'ont que le droit de les faire vendre et d'en répartir le prix entre eux.

Il est important de remarquer que dans la pratique, il s'en faut de beaucoup que les concordats par abandon contiennent toujours libération du failli. Celui-ci promet souvent quelques dividendes

en sus des biens abandonnés, quelquefois même
un payement intégral à différents termes.

D'après la loi de 1856, ce sont les syndics qui pro-
cèdent à la liquidation, en présence du juge-commissaire. Aussi, a-t-on prétendu que les créanciers
se montreront désormais peu disposés à accorder à
leur débiteur un concordat par abandon, puisque,
depuis la nouvelle loi, il ne leur est plus loisible de
régler eux-mêmes la marche à suivre dans la liquidation, ce qui était un des principaux avantages de
ce concordat. L'état d'union pur et simple semble,
en conséquence, préférable à un concordat qui ne
serait pour eux, en réalité, qu'un état d'union ag-
gravé par l'abandon de leurs créances.

Le concordat par abandon est annulé ou résolu
de la même manière que les autres concordats. Il
ne faut pas s'abuser pourtant sur le sens et la portée de cette analogie : quelle est, en effet, dans le
concordat ordinaire, la cause principale de résolution? C'est le défaut de payement des dividendes.
Or, ici, il n'y a pas de dividendes promis ; le débiteur étant libéré par le concordat moyennant
l'abandon de son actif, les créanciers n'ont plus
rien à réclamer. Donc, il faut chercher une autre
cause de résolution pour inexécution des conditions.

Supposons que dans l'actif de la faillite se trouvent des immeubles que le débiteur a abandonnés
même de bonne foi, comme lui appartenant en

toute propriété quand ils appartenaient à autrui ; voilà un cas de résolution du concordat par abandon.

§ 7. *De l'annulation et de la résolution du concordat.*

Quand le failli concordataire a, par fraude, dissimulé son actif ou exagéré son passif, les créanciers qui ont voté le concordat, ou même ceux dont la créance n'est reconnue qu'après la clôture du procès-verbal de vérification et d'affirmation, peuvent demander *l'annulation* du concordat : cette action en nullité est de la compétence du tribunal de commerce, et elle se prescrit par le laps de dix années, à partir de la découverte du dol (art. 1304. C. civ.)

Cette annulation du traité, réservée aux créanciers, s'explique facilement : si les créanciers avaient pu connaître d'une façon exacte la situation du failli, le chiffre vrai de son actif et de son passif, ils ne lui auraient pas accordé des remises ou des délais pour se libérer ; il leur importe donc de reprendre la position qu'ils avaient avant le concordat.

L'annulation du concordat intervenue ainsi, après l'homologation, libère de plein droit les cautions ; comme les créanciers, la caution a été trompée par le failli, elle ne doit donc pas demeure encore dus! Non, car le dividende qui lui a été soldé a éteint toute sa créance. — Si nous supposions, au contraire, un créancier de même somme, mais postérieur au concordat, il faudrait décider que ce créancier peut répéter de la nouvelle faillite l'intégralité de sa créance, déduction faite seulement des payements partiels qu'il a pu recevoir.

Enfin, observons que dans les deux cas d'annulation, le failli n'est plus apte à obtenir un second concordat.

Résolution. — D'après l'art. 520 du Code de commercé, les créanciers ont le droit de poursuivre la résolution du concordat, devant le tribunal de commerce, en cas d'inexécution des engagements pris par le failli. — Dans tout contrat synallagmatique, la résolution est sous entendue pour le cas où l'une des parties n'accomplit pas son obligation (art. 1184 Code civil.)

Si un seul créancier qui n'est pas payé des engagements pris par le concordat, provoque la résolution, faut-il dire que le jugement qui la prononce, est uniquement dans son intérêt? Ou bien, admettrons-nous qu'il produit ses effets à l'égard des autres créanciers qui ne l'auraient pas demandée?

Cette question en implique une autre : la résolution peut-elle être demandée pas un seul créancier? Il semble que, puisque la majorité des créanciers a voté le concordat, cette même majorité est nécessaire pour le dissoudre ; seule, en effet, elle a la capacité de détruire ce qu'elle a formé. — L'opinion contraire prévalut en 1838. Le rapporteur fit remarquer à la Chambre des députés, qu'après le concordat formé, il n'existe plus de communauté, plus de majorité, plus de minorité, plus de droits collectifs ; que chacun peut poursuivre l'exercice de ses droits individuels ; qu'enfin, la majorité serait souvent impossible à retrouver, s'il s'était écoulé, par exemple, plusieurs années depuis la formation du concordat.

Maintenant, l'effet du jugement qui prononce la résolution, sera-t-il général, applicable à tous les créanciers ? On conçoit aisément qu'un jugement qui annule un concordat pour cause de dol, produise ses effets à l'égard de tous les créanciers ; quand un contrat est entaché de fraude, il doit tomber tout entier, — Mais nous serions d'avis que la résolution ne doit profiter qu'au créancier qui l'a obtenue ; que ce créancier peut poursuivre le débiteur comme si à son égard, il n'y avait jamais eu de concordat, mais que cet acte continue de subsister entre les autres créanciers et le failli.

Toutefois, les auteurs et la jurisprudence admettent que tout créancier non payé de son dividende, peut poursuivre la résolution du concordat de façon à le faire tomber d'une manière absolue, et non pas seulement en ce qui le concerne personnellement. Du reste, la résolution ne peut avoir aucun effet vis-à-vis des créanciers qui ont déjà touché leur dividende.

L'action en résolution se prescrit par le laps de

trente années ; elle ne rend pas, |comme l'annulation, le débiteur failli indigne d'obtenir un second concordat.

Enfin, à la différence de l'annulation, la résolution ne libère point les cautions qui sont intervenues au concordat, afin d'en garantir l'exécution totale ou partielle. — L'art. 520 exige seulement qu'elles soient présentes ou dûment appelées dans l'instance en résolution ; il est nécessaire d'appeler en cause les cautions, parceque, si elles offrent d'exécuter intégralement le concordat, en désintéressant le créancier, celui-ci devra être débouté de sa demande : dans ce cas, en effet, il n'y aurait plus aucune raison de prononcer la résolution du concordat.

POSITIONS

DROIT ROMAIN

I. — On peut concilier les lois 43 pr. *de jure dotium* et 10 *de cond. causâ datâ.*

II. — Les lois 27 *de pactis* et 31, § 1, *de novat.* sont inconciliables.

III. — Les lois 27. § 2, *de pactis* et 62. *huj. tit.* sont inconciliables.

IV. — Il n'existe pas d'antinomie entre la loi 29, *de liber. leg.*, et la loi 5, § 1, *de donat. inter virum et uxorem.*

V. — On ne peut concilier la loi 10, pr. *de pactis.* et la loi 58, § 1, *mandati vel contrà.*

VI. — Un simple pacte suffit pour faire naître une obligation naturelle.

DROIT FRANÇAIS

I. — La remise de la dette doit être acceptée par le débiteur, mais la notification de l'acceptation n'est pas nécessaire.

II. — La possession du titre par le débiteur fait présumer qu'il lui a été volontairement rendu par le créancier.

III. — La remise volontaire de la grosse d'un jugement ne fait pas nécessairement présumer la libération du débiteur. .

IV. — Le codébiteur solidaire ou la caution qui ont obtenu du créancier la restitution du titre original, ne peuvent pas exercer un recours contre leur codébiteur, ou contre le débiteur principal, sans prouver qu'ils ont effectivement payé.

V. — Le créancier qui s'est borné à décharger l'un des débiteurs de la solidarité sans payement ni remise. ni aucun autre mode de libération, ne conserve son action solidaire contre les autres, que sous la déduction de la part du débiteur qu'il a déchargé de la solidarité.

VI. — Pour que le créancier soit censé avoir tacitement remis la solidarité à l'un des débiteurs, en vertu du 1º de l'ar. 1211, il faut qu'il ait reçu la part entière de celui-ci dans la dette solidaire.

VII. — Dans l'hypothèse de l'art. 1212, pour que le créancier soit censé avoir renoncé à la solidarité en faveur de l'un des débiteurs quant aux intérêts à échoir et quant au capital, il suffit qu'il y ait eu plusieurs payements continués pendant dix ans, lors même que le nombre des payements serait inférieur à dix.

VIII. — Lorsque le créancier a déchargé de la solidarité l'un des codébiteurs solidaires, la perte résultant de l'insolvabilité de l'un des codébiteurs non déchargés, tombe pour partie, à la charge, non pas du créancier, mais du débiteur qui a été déchargé de la solidarité.

IX. — La disposition que l'article 2037 décrète en faveur de la caution, ne doit pas être appliquée au codébiteur solidaire.

X. L'art. 901 déroge au principe de l'art. 504.

DROIT COMMERCIAL

I. — La remise faite par concordat, n'est sujette ni à réduction ni à rapport.

II. — Pour la validité du concordat, il faut la majorité de tous les créanciers vérifiés et affirmés, et non pas seulement celle de tous les créanciers présents.

DROIT DES GENS

I. — Le principe de la liberté des mers s'oppose à ce que les belligérants puissent visiter les navires neutres, pour vérifier s'ils ne font pas la contrebande de guerre.

II. — Le principe de la souveraineté territoriale fait obstacle à ce que l'action de la justice française, à l'égard des étrangers qui ont commis des délits sur le territoire français, puisse être arrêtée par les actes de la justice étrangère à raison des mêmes délits.

DROIT CRIMINEL

I. — Le principe du non cumul des peines ne s'applique pas aux contraventions.

II. — Le complice est passible de l'aggravation de peine encourue par l'auteur principal, à raison d'une qualité spéciale à celui-ci, lorsque cette qualité affecte la criminalité du fait.

Vu par le Président de la thèse,
COLMET DE SANTERRE.

Vu pour le Doyen absent,
A. VALETTE.

VU ET PERMIS D'IMPRIMER,
Le vice-recteur de l'Académie de Paris,
A. MOURIER.

— 80 — PARIS. — IMPRIMERIE F. PICHON, 11, RUE CUJAS.

PARIS. — IMPRIMERIE F. PICHON, 14, RUE CUJAS